Energetische Reinigung

Das Praxisbuch: Mit spirituellem Räuchern eine Hausreinigung durchführen, negative Schwingungen lösen und selbständig Rituale vollziehen

Anna-Lena Wien

WirmachenDruck.de
Sie sparen, wir drucken!

ISBN: 978-3-969306581

Email: info@edition-lunerion.de
www.edition-lunerion.de

Psiana eCom UG
Berumer Str. 44
26844 Jemgum

INHALT

Vorwort 1

Was uns umgibt… 3

Energetik, Schwingungen & mehr 5

Dicke Luft – Warum man Negativität fühlen kann 7

Positive Energien aktiv erzeugen 9

Altlasten & Geschichten: Warum man Häuser bei Neubezug immer ausreinigen sollte 13

Räuchern & energetische Reinigung 17

Die Aura 17

Negative Energien wahrnehmen – sichere Anzeichen & Merkmale, ob eine Reinigung erforderlich ist 22

Räume & Häuser energetisch reinigen 25

Kräuterkunde von A-Z 28

Material & Räuchermethoden 35

Materialübersicht für Einsteiger 35

Methoden 36

Energetische Reinigung Schritt für Schritt 42

Exemplarische Anleitung 42

Räuchern im eigenen Haus 47

Räucherwaren fürs Schlafzimmer 48

Räucherwaren fürs Wohnzimmer 51

Räucherwaren für die Küche 54

Räucherwaren fürs Büro 56

Räucherwaren für wenig benutzte Räume 59

Räucherwaren für den Eingangsbereich 62

Energetische Reinigungen im Alltag 64

Hausreinigung 64

Negative Schwingungen lösen 69

Reinigung für Konzentration & Fokus 70

Einen Neubeginn einläuten 73

Reinigung nach Tod & Trauer 76

Ein neues Familienmitglied willkommen heißen 79

Familiäre Konflikte & Spannungen lösen 80

Rituale 83

Entspannungsrituale 86

Rituale zum Loslassen 89

Visionen & Räuchern: Rituale zur Stärkung der Visionskraft 92

Protektive Rituale: Schutz 95

Selbstliebe 99

Die Krone des Räucherns:
Der Rauhnächtekalender 101

Bonus: Räuchern mit Harzen 105

Schluss 109

Vorwort

Gab es in Ihrem Leben eine schwierige Phase mit Streit, Trauer, Trennung oder anderem Unglück? Sind Sie gerade erst in ein neues Zuhause gezogen und fühlen sich dort irgendwie beklommen oder bedrückt? Lastet etwas auf Ihnen und saugt Sie aus, ohne dass Sie so recht wissen, was eigentlich los ist?

Dann ist es höchste Zeit für eine energetische Reinigung und dazu ist kaum etwas so geeignet wie der wohltuende Duft von heilsamem Räucherwerk! Das Ausräuchern ist eine uralte Technik der Reinigung in zahlreichen Kulturen und auch Sie als moderner Mitteleuropäer können sich das kostbare Wissen zunutze machen und ganz einfach selbst für physische und energetische Reinheit in Ihren vier Wänden sorgen.

Denn wir sind ununterbrochen von Energien umgeben, von denen längst nicht alle gut sind: Trauer, Krankheit, Streit, Tod und vieles mehr hinterlassen negative Schwingungen, die kräftezehrend, ermüdend und manchmal sogar krankmachend sind. Entdecken Sie hier, wie Sie die unterschiedlichen Bereiche Ihres Hauses von solch störenden Kräften befreien und was Sie mit den aromatischen Räuchermischungen noch so alles anfangen können.

Klingt spirituell ziemlich anspruchsvoll? Keine Bange! Sie müssen kein Schamane sein, um mit heilsamem Rauch tolle Ergebnisse zu erzielen und dieses Buch steht Ihnen mit leicht nachzumachenden Schritt-für-Schritt-Anleitungen zur Seite. Ob Konzentration und Fokussierung, ein neues Familienmitglied, familiäre Konflikte oder der Umgang mit Visionen – in zahlreichen Lebenslagen kann der energetisierende Rauch Ihr perfekter Helfer sein! Aura, Energie & Schwingungen: Finden Sie heraus, auf welch spannende Art energetische Schwingungen Ihr Leben bestimmen und wie Sie darauf positiven Einfluss nehmen können.

Was uns umgibt...

In diesem Buch finden sich alle wichtigen Hintergrundinformationen, Tipps und Tricks rund um das Thema des Räucherns und der energetischen Hausreinigung wieder. Die einzelnen Anleitungen sind so detailliert beschrieben, dass Sie nach dem Lesen genau wissen werden, wie Sie am besten Räuchern und welches Räucherwerk zu Ihrer jeweiligen Intention am besten passt.

Das Räuchern wird bereits seit vielen Jahrtausenden zum Zweck der Reinigung verwendet. Menschen führen in regelmäßigen Abständen Reinigungen durch, um nicht nur innerhalb der Wohnung bzw. dem Haus, sondern auch in ihrer Seele für Ordnung zu sorgen. Genau wie beim traditionellen Frühjahrsputz beseitigt die Räucherung materiellen Schmutz und lässt gleichzeitig auf seelischer Ebene Harmonie und Ordnung einkehren.

Räucherungsreinigungen helfen dabei, eine wohltuende Atmosphäre frei von schlechten und negativen Energien zu schaffen und stattdessen positive Energien willkommen zu heißen.

Nachdem Sie im ersten Teil des Buches wertvolle Informationen rund um all das, was uns umgibt, erhalten, werden Ihnen im Anschluss verschiedene Räucherstoffe inklusive ihrer Wirkungen sowie verschiedene Methoden zum Räuchern näher gebracht. Dadurch werden Sie Ihr Wissen zum Thema Räuchern immens vertiefen. Zudem lernen Sie, wie Sie eine energetische Räucherung Schritt-für-Schritt durchführen und welche Materialien Sie dafür benötigen. Darüber hinaus werden Sie eine Vielzahl verschiedener Räucherrituale zu unterschiedlichen Zwecken und die Räucherung mit Harzen kennenlernen, die Sie dann direkt selbst ausprobieren können.

Lassen Sie sich einfach auf den Zauber des Räucherns ein und begeben Sie sich auf eine spirituelle Reise, um positive Energien in Ihr Zuhause, Ihren Körper, Ihren Geist und Ihre Seele einzuladen.

Energetik, Schwingungen & mehr

Das Räuchern ist eine uralte Tradition, die in fast allen Kulturen seit Jahrtausenden ein fester Bestandteil ist. Man nimmt an, dass das Räuchern durch Zufall entstand, weil man Hölzer und Kräuter auf eine Feuerstelle warf und den aufkommenden Geruch genoss. Das Räuchern ist vor allem ein spirituelles und kirchliches Ritual, welches aus unterschiedlichen Intentionen heraus durchgeführt wird. So kann die Tradition zur spirituellen Reinigung, zur Beruhigung, zur Desinfektion und zur Wertschätzung angewendet werden.

Alles im Leben ist miteinander verbunden und alles im Leben ist Energie. Genauso wie jeder Mensch eine Aura hat, in der verschiedene Informationen gespeichert werden, haben auch Räume eine Aura, die sowohl positive als auch negative Energien aufnehmen und an uns weitergeben können. Das ist auch der Grund, warum man sich in Wohnungen, in denen viel gestritten wurde oder in denen jemand nach einer langen Krankheit verstorben ist, unwohl fühlen kann, ohne dabei die Vorgeschichte zu kennen. Räucherrituale reinigen und harmonisieren Lebensräume. Sie sollen einzelne Räume oder sogar ganze Wohnungen von alten Schwingungen und negativen Energien befreien. Ebenso werden durch den Rauch die alten Geister vertrieben. Viele indianische Völker räucherten zu Heilzwecken und die alten Kelten führten Räucherzeremonien bei Opfergaben durch. Zum Räuchern existieren zahlreiche Bräuche, doch der Grundgedanke aller Räucherrituale bleibt dabei immer der gleiche: der Gedanke der Reinigung.

Geräuchert werden kann immer nach Bedarf und in Abstimmung mit dem Grund des Rituals, der immer individuell ist. Abhängig von lokalen Bräuchen und verfügbaren Pflanzen existieren verschiedene Räuchermittel und Rituale. Im alten Ägypten nutzte man beispielsweise Weihrauch mit dem Ziel, die Götter gnädig zu stimmen. Der heutige Weihrauch ist jedoch ein Räucherwerk, das die bereits vorhandenen Energien verstärkt und demnach persönliche Empfindungen steigert und dadurch nicht immer zum Räuchern empfohlen wird.

Prinzipiell kann man aber alle Kräuter verbrennen, die die Erde zur Verfügung stellt.

Am weitesten verbreitet sind jedoch der **weiße Salbei**, der positive Energie erzeugt, und **Palo Santo**, der erdend und reinigend wirkt.

Daneben zählen **Lavendel** (beruhigende Wirkung), **Sandelholz** (aphrodisierende Wirkung), **Kamille** (erdende Wirkung), **Johanniskraut** (beruhigende Wirkung), **Eisenkraut** (konzentrationsfördernde Wirkung), **Holunder** (stärkt die Abwehrkräfte) und **Rosenblüten** (öffnen das Herz) zu den am häufigsten verwendeten Kräutern zum Räuchern.

Darüber hinaus gibt es heutzutage eine Vielzahl fertiger Räuchermischungen aus Pflanzen, Harzen und Holzen. Bei Bedarf kann man auch eigene Räuchermischungen selbst herstellen, was im Kapitel zur Herstellung der Räuchermischungen näher beleuchtet wird.

DICKE LUFT – WARUM MAN NEGATIVITÄT FÜHLEN KANN

Dicke Luft – wer kennt es nicht? Manchmal betritt man einen Raum und kann die dicke Luft der vorangegangenen Diskussion spüren und sobald man den Raum wieder verlässt, fühlt man sich mitgenommen, müde und schlapp. Das Gleiche kann auch passieren, wenn man eine Person antrifft, die zum Beispiel ständig darüber klagt, wie schlecht es ihm*ihr geht.

Negative Energien und Schwingungen eines Raumes oder einer Person können persönlich beeinflussen und auch ein Stück weit auslaugen. Das genaue Gegenteil geschieht, wenn man beispielsweise auf jemanden trifft, der Lebensfreude und Positivität ausstrahlt, oder wenn man seine Lieblingsmusik hört. Anschließend ist man positiv aufgeladen und froh, doch wie ist das überhaupt möglich? Wie schafft der Körper es, die Schwingungen und Energien um sich herum so aufzunehmen, dass man sich danach anders fühlt?

Alles im Leben fließt und ist miteinander verbunden. Wir leben in einem unendlichen Meer allgegenwärtiger Energien, die zwar unsichtbar, aber trotz dessen überdeutlich wahrnehmbar und vor allem spürbar sind. Betrachtet man den Körper auf subatomarer Ebene, stellt man fest, dass dieser nicht fest ist, sondern aus Energieeinheiten besteht, die sich in ständiger Schwingung befinden. Und nicht nur der Körper, sondern auch alles um einen herum besteht zu einhundert Prozent aus Energie. Diese Energie befindet sich in ständiger Schwingung, wodurch der Körper von einem unsichtbaren elektromagnetischen Feld umgeben ist, welches oft auch als Aura bezeichnet wird und auch auf andere schwingende Felder reagiert.

Das elektromagnetische Feld des Herzens ist zum Beispiel so stark, dass man ein exaktes EKG des Herzens noch aus einem Meter Entfernung ableiten könnte.

Im Physikunterricht lernt man zum einen Energie entweder als positiv geladen oder als negativ geladen kennen und zum anderen, dass man diese nicht zerstören, sondern nur verändern kann und dass sich Gleiches immer gegenseitig anzieht. Gedanken mögen zwar unsichtbar sein, aber bestehen, genauso wie alles andere, aus Energie. Menschen, die ständig immer nur negativ denken, strahlen dies nicht nur aus, sondern ziehen auch negative Dinge an. Man spürt sogar das negative Energiefeld, von dem sie umgeben sind und welches durch ihre eigenen negativen Gedanken auch negativ beeinflusst wird.

Wir werden ständig unbewusst energetisch von unseren eigenen Gedanken und den Schwingungen anderer Dinge oder Menschen beeinflusst. Unser Gehirn bewertet automatisch bestimmte Situationen oder Menschen, ganz gleich, ob wir das überhaupt wollen oder nicht. So kommen in uns beispielsweise bei gruseligen Filmen negative Gefühle auf. Im Gegensatz dazu fühlen wir uns gut, wenn wir zu unserem Lieblingslied in der Küche tanzen. Trifft ein positiv denkender Mensch auf einen negativ denkenden Menschen, beginnen die Energiefelder beider, sich aufeinander einzuschwingen, und treffen sich im Anschluss energetisch in der Mitte. Das erklärt auch, warum man sich nach Konversationen mit negativ eingestellten Menschen ausgelaugt und müde fühlt und weshalb sich zwei nörgelnde Menschen so gut verstehen. Auch wenn man nicht steuern kann, was einen umgibt, ist man diesen Tatsachen jedoch nicht hoffnungslos ausgeliefert. Man kann zwar nicht jeden negativen Menschen komplett meiden, doch Energie folgt immer der Aufmerksamkeit. Dahin, wo man seine Gedanken richtet, folgt auch die Energie. Wenn man eine eher negative Grundeinstellung hat, fokussiert man sich ganz automatisch auf all die negativen Dinge in der Welt. Man nimmt überwiegend die negativen Aspekte der Wirklichkeit wahr und die Welt scheint dunkel, trist und böse zu sein. Außerdem zieht man immer mehr Menschen magisch an, die auch negativ denken. Negative Energie zieht Negatives an und Negatives zieht negative Energie an. Schlechte Gedanken werden dadurch bestätigt und legen somit die Grundlage für weitere negative Gedanken, aus denen wiederum negative Gefühle folgen. Ein Teufelskreis beginnt.

Damit bietet sich einem jedoch auch ein sehr machtvolles Werkzeug an, da man sein Leben bewusst steuern kann und von negativen Schwingungen weniger stark beeinflusst wird. Richtet man seinen Fokus auf die positiven Dinge im Leben, erhält man automatisch auch mehr positive Resonanz. Programmiert man sich gezielt auf positive Energie um, erhöht man seine eigene Grundenergie und erfährt viel mehr Positives.

POSITIVE ENERGIEN AKTIV ERZEUGEN

Es mag zwar nicht möglich sein, positive Energie zu messen, doch man spürt, wenn man von dieser umgeben ist. Man fühlt sich glücklich, optimistisch und lässt sich aufs Leben ein. Positive Energien ziehen mehr Positives an, das sich oftmals in Form von vielversprechenden Beziehungen und neuen Möglichkeiten zeigt. Mangelt es an positiver Energie, fühlt man sich im Gegensatz dazu eher ängstlich, ist erschöpft und blockiert. Doch das Gute ist, dass man positive Energien jederzeit wiederfinden kann, wenn man lernt, zwischen positiven und negativen Schwingungen zu unterscheiden, und aktiv daran arbeitet, die Energie im Umfeld bewusst wahrzunehmen und zu beeinflussen.

Das positive Energiefeld eines Menschen bezieht sich weitgehend auf die niedrige Ebene der elektromagnetischen Energie. Jeder Mensch strahlt diese Energie in unterschiedlichen Frequenzbereichen an verschiedenen Stellen aus. Befindet sich diese Energie auf einer hohen Frequenz, handelt es sich bei dem Energiefeld um ein positives. Das Energiefeld wird sichtbar, wenn man gut gelaunt ist, und zieht Dinge in ähnlich schwingenden Frequenzen an.

Die Art und Weise, wie man sich selbst und die Welt um sich herum wahrnimmt, nimmt großen Einfluss auf die Erfahrungen jedes einzelnen

Menschen. Wissenschaftler*innen konnten belegen, dass positives Denken viel mehr bedeutet, als einfach nur eine positive Einstellung zu haben und glücklich zu sein. Positive Gedanken sind die Grundlage, um einen echten Wert im Leben zu schaffen, und sie helfen, die eigene Realität zu gestalten und Fähigkeiten zu entwickeln, die zu den persönlichen Zielen führen. Eine Vielzahl an Experimenten und wissenschaftlichen Studien beweisen, dass es zwischen der allgemeinen Gesundheit und einer positiven Lebenseinstellung einen direkten emotionalen, mentalen und körperlichen Zusammenhang gibt. Die positiven Schwingungen, die Sie tagtäglich durchs Leben begleiten, erhöhen die Widerstandskraft gegenüber schwierigen Lebensumständen und verringern das Gefühl der Einsamkeit. Sie sind der Treibstoff, der Sie antreibt, Ihre größten Ziele zu erreichen.

Da das Konzept positiver Energiefelder relativ abstrakt ist, lohnt es sich, spezifischer über konkrete Anzeichen von positiven Schwingungen nachzudenken. Um festzustellen, dass man auf hohe Vibrationen ausgerichtet ist und positive Energie in sich trägt, sollte man auf die folgenden Zeichen achten:

- Gute Gesundheit
- Hohes Energieniveau
- Materialistische Dinge sind nicht notwendig, um innerlich glücklich zu sein
- Kreativität, Motivation & leicht inspirierbar
- Positive Dinge geschehen
- Die Kontaktaufnahme zu anderen Menschen ist einfach
- Momente der intensiven Dankbarkeit
- Lachen & Lächeln sind einfach
- Schnelles Loslassen negativer Erfahrungen

In jeder Lebenslage positiv zu bleiben ist nicht immer einfach. Positivität kann abnehmen, wenn man von einer Reihe von Enttäuschungen, Misserfolgen und Negativität überwältigt wird. Jede Herausforderung, der man im Leben begegnet, entzieht Energie und ein Stück der persönlichen Belastbarkeit. Ist die positive Energie erst einmal erschöpft, schleicht sich still und leise Pessimismus ein und dieser beginnt, die Oberhand zu gewinnen.

Das positive Denken ist eine emotionale sowie mentale Haltung des Geistes, die positive Resultate erwartet und sich auf die guten Aspekte fokussiert. Positive Energie zu entwickeln und aufrechtzuerhalten, bedarf jedoch mehr als nur dem Denken glücklicher Gedanken. Es bedeutet, positiv auf das Gute zu blicken und daran zu glauben, dass am Ende alles gut wird. Optimismus ist dabei jedoch nicht mit der Ignoranz von Negativität gleichzusetzen. Vielmehr geht es um die Anerkennung von Negativem und darum, sich trotz dessen auf das Positive zu konzentrieren. Die Wurzel positiver Energie ist nichts weiter als der Glaube daran, dass sich Dinge trotz gegebener Umstände am Ende zum Guten wenden.

Um positive Energie aktiv zu erzeugen, müssen in erster Linie die Grundbedürfnisse erfüllt sein, denn diese sind die Grundlage jeglicher positiver Schwingungen, die man in sein Leben lassen kann. Dabei spielen insbesondere die Qualität und die Quantität des Schlafes eine große Rolle, doch auch die ausreichende Bewegung und die Wahl der richtigen Lebensmittel wirken sich entscheidend auf die persönliche Stimmung aus und setzen Glücksgefühle frei. Während man die Auswirkungen von Schokolade und Kaffee zum Beispiel sofort merkt, haben vor allem Obst und Gemüse einen besonders nachhaltigen Effekt auf die Regulation der Gefühle. Besonders Beeren und Zitrusfrüchte wirken langfristig stimmungsaufhellend.

Negative Emotionen und Gedanken schränken zudem das Gehirn ein und fokussieren die eigenen Gedanken darauf, negative Emotionen mit gewissen Handlungen zu verknüpfen. Stattdessen sollte man stets erwarten, dass gute Dinge passieren, denn positive Energie wird durch eine positive Einstellung zum Leben natürlich angezogen.

Deshalb sollte man stets bestrebt sein, auf die Energie zu achten, die man ausstrahlt. Denn gute Energie kann nur dann angezogen werden, wenn man positive Schwingungen aussendet und das Leben willkommen heißt. Man sollte jeden Morgen mit der Erwartung aufwachen, dass etwas Großartiges geschehen, wird und immer die Bestmögliche aller Situationen visualisieren. Wenn nötig, kann man seinen Verstand auch einfach mit positivem Denken austricksen, wenn man lösungsorientiert und nicht problemorientiert denkt. Anstatt sich die schlimmsten Situationen vorzustellen, sollte man nur an ideale Umstände denken.

Menschen, die auf niedrigen Frequenzen schwingen, wollen die Menschen in ihrem Umfeld auf ihr Niveau herunterziehen, weshalb der Kontakt mit negativ denkenden Menschen besser von Anfang an vermieden werden sollte. Auch Klatsch und Tratsch senken die inneren Schwingungen sofort, da beides giftig ist. Fokussiert man sich auf das Kritisieren und Beurteilen anderer, projiziert man automatisch negative Schwingungen und Schwingungen kommen immer zurück, da alles im Leben Energie ist. Anstelle dessen sollte man lieber immer lachen und die positive Energie ins eigene Leben einladen. Die Lieblingsmusik kann die persönlichen Schwingungen zum Beispiel sofort anheben und auch Selbstliebe und innere Stärke sind hervorragende Werkzeuge, um positive Energie aktiv zu erzeugen.

Ängste, Selbstzweifel und Unsicherheiten sind wahre Energiefresser und untergraben nicht nur die eigenen Fähigkeiten, sondern rauben auch das Selbstvertrauen und behindern das eigene Potenzial. Die innere Einstellung spielt im gesamten Leben eine essenzielle Rolle, doch insbesondere in puncto positive Energie ist sie sehr ausschlaggebend. Psychologen*innen, Life Coaches und Gurus stimmen alle in der Annahme überein, dass man nicht zeitgleich traurig und dankbar sein kann.

Auch die Meditation ist ein sehr wohltuendes Werkzeug, positive Energie in das Leben derer zu bringen, die sie praktizieren. Zudem werden einer Vielzahl von Edelsteinen positive Effekte auf Körper und Psyche zugeschrieben. Das mehr als eintausend Jahre alte Wissen um die Heilsteine zieht sich durch verschiedene Kulturen und auch heute noch werden die verschiedensten Heilsteine bei der Meditation von tibetischen Mönchen genutzt.

Des Weiteren setzen Inspiration und Kreativität, die man in Hobbys zum Ausdruck bringen und ausleben kann, kontinuierlich positive Energie frei. Auch das Ausmisten im eigenen Zuhause schafft Raum für positive Schwingungen, weshalb es bereits in der alten Lehre des Feng-Shui als Grundlage diente, um den Energiefluss aufrechtzuerhalten. Letzten Endes knüpfen auch Räucherstäbchen an die Lehren des Feng-Shui an. Sie reinigen die Atmosphäre von alten, verbrauchten und negativen Energien und fördern gleichzeitig die positive Energie in der Wohnung.

ALTLASTEN & GESCHICHTEN: WARUM MAN HÄUSER BEI NEUBEZUG IMMER AUSREINIGEN SOLLTE

Die meisten Menschen nehmen die Energie und die Schwingungen in ihrem Umfeld unbewusst oder bewusst wahr. Müdigkeit, Niedergeschlagenheit und Schlappheit resultieren häufig nicht aus medizinischen Ursachen, sondern aus negativen Energien oder Energiestaus. Das Ausräuchern der eigenen Wohnung bzw. des eigenen Hauses bringt dabei wieder Schwung in das energetische Umfeld und löst Stauungen und Störungen auf. Die bislang vorherrschende negative Energie wird vertrieben und durch eine neue und frische ersetzt.

Die Gründe für die Hausausreinigung sind vielfältig. Zusätzlich zur Entkeimung der Raumluft soll das Ausräuchern insbesondere dazu beitragen, die einzelnen Räume energetisch zu reinigen. Man sagt, dass Räume die verschiedenen Energie der Menschen, die sich in ihnen befanden, sowie die Ereignisse, die in ihnen stattgefunden haben, speichern. Beispielsweise kennt man, wie schon erwähnt, die Redewendung, "Hier herrscht dicke Luft", wenn an einem Ort häufig gestritten wird. Das Räuchern befreit die Atmosphäre des Raumes von negativen Schwingungen und Energien, die durch verschiedene Ereignisse in der Vergangenheit entstanden sind. Ziel der Ausräucherung ist also, dass negative Energien transformiert werden und dass wieder Harmonie im eigenen Zuhause einkehrt.

Viele Anlässe eignen sich dabei für das Ausräuchern von Räumen – Frühjahrsputz, Trennungen, lange Krankheiten, Streits, innerer Wunsch nach Veränderung, schlechte Gerüche, allgemeines Unwohlfühlen oder Um- und Neubezüge. Insbesondere bei Neubezug sollte eine Ausreinigung stattfinden, damit die Altlasten und Geschichten der vorherigen Mieter*innen inklusive ihrer alten und negativen Energien verbannt werden und Platz für Neues entstehen kann. Räuchert man seine Wohnung aus, bekommt man gleichzeitig auch die Gelegenheit, die jeweiligen Räume mit neuen Mustern und Schwingungen zu versehen, wobei sich Energie an die Nutzungsformen des Raumes anpassen.

Das Räuchern wird schon seit vielen Jahrtausenden zum Zweck der Reinigung von Wohnstätten und Orten eingesetzt. Große Reinigungsaktionen in regelmäßigen Abständen gehören daher zum festen Brauchtum der Menschheit, um nicht nur für äußere, sondern auch für innere Ordnung zu sorgen. Reinigungsprozesse beseitigen nämlich nicht nur materiellen Schmutz. Auch auf seelischer Ebene kehren zugleich Ordnung und Harmonie ein. Dabei unterstützen Räucherungen das Saubermachen und Reinigen zudem auf feinstofflicher Ebene.

Menschen sind energetische Wesen und hinterlassen ihre ganz individuellen energetischen Signaturen an den Orten, an denen sie sich aufgehalten haben. Diese Signaturen setzen sich aus Emotions- und Gedankenenergie zusammen, die auf unsere Umgebung abfärben. Wie lange sie sich in Räumen aufhalten, ist immer abhängig davon, wie intensiv diese sind. Energetische Signaturen können sich in jedem Fall auch stauen und sich zu einem positiven oder negativen Kraftfeld aufbauen. Zieht man in eine neue Wohnung oder ein neues Haus ein, sollte man deshalb vor dem Einzug unbedingt die Energien der Vormietenden bereinigen. Sollte der Umzug bereits erfolgt sein, kann selbstverständlich auch noch nachträglich gereinigt werden.

Das Räuchern signalisiert einen Wandlungsprozess, da die Atmosphäre eines Raums durch das Räucherwerk und die darin gespeicherten Informationen nachhaltig verändert werden kann. Die Wirkung des Räucherns hängt dabei wesentlich von dem verwendeten Räucherwerk ab, denn Kräuter wirken anders als beispielsweise Holunder und Kamille.

Das Wesen einer Wandlung setzt sich aus den drei Schritten Störung, Unruhe und Neugestaltung zusammen, woraus ein dreistufiger Räucherprozess resultiert. Der Auslöser für den Wunsch nach einer Wandlung ist die Störung, welcher mit einer energetischen Reinigung begegnet wird. Aufgrund der Störung und dem Loslassen entsteht jedoch Unruhe, die mit einem harmonisierendem Räucherwerk aufgelöst und neutralisiert wird und das System wird somit wieder beruhigt. Im Anschluss ist es Zeit für einen Neubeginn, der beim Energetisieren durchgeführt wird. Dabei wird Platz für Neues geschaffen und man kann wieder energievoll durchstarten. Durch den dreistufigen Prozess der Wohnungsausräucherung wird ein Prozess der Wandlung erreicht und Räume erzeugt, die sich frei und leicht anfühlen.

Damit ein neutraler Energiestatus erreicht werden kann, ist es empfehlenswert, wenn alle Räumlichkeiten einschließlich Keller, Dachboden und Garage gründlich gereinigt und ausgeräuchert werden. Grundsätzlich lässt sich jeder Gegenstand von alten Energien befreien. Im Anschluss an die energetische Reinigung kann dann ein unterstützendes und positives Energiefeld aufgebaut werden.

Räuchern & energetische Reinigung

DIE AURA

Das elektromagnetische Feld, die Aura, die unseren Körper umgibt, strahlt all das aus, was unser tiefstes Inneres schon lange weiß. Die eigene Aura oder die eines anderen Menschen zu sehen und aus ihr zu lernen, ist sehr beeindruckend und so viel mehr als nur irgendein esoterischer Hokuspokus. Sie wahrzunehmen, verspricht einen aufregenden Blick ins Innere, aus dem wir nicht nur lernen, sondern uns auch weitereinwickeln können.

Auch wenn die Aura für das tägliche Auge nicht zweifellos sichtbar ist, sind wir tatsächlich von einem Energiefeld umgeben. Das Wort Aura stammt aus dem Griechischen und bedeutet übersetzt „Lufthauch". Demnach ist die Aura eine Art energetischer Lufthauch, von dem wir umgeben sind, und Luft kann man eben auch nicht sehen. Wir nehmen, bewusst oder unbewusst, die Energien von anderen Menschen wahr. Ohne mit einer Person gesprochen haben zu müssen, können wir spüren, was sich gerade ereignet hat bzw. wie diese Person fühlt.

Die Aura ist also eine Energie und Energien sind in der Regel spürbar, aber nicht sichtbar. Damit wir die Aura eines Objektes oder eines anderen Menschen sehen können, müssen wir lernen, was es bedeutet, Energien zu spüren. Dafür nehmen wir uns am besten einen Moment Zeit, schließen die Augen und spüren in unseren Körper hinein. An welchen Stellen kribbelt es? Wo sind Verspannungen spürbar und wo fließt Wärme? Alle Empfindungen, die wir dabei verspüren, sind ein Ausdruck von Energie.

Zu Beginn übt man am besten mit Dingen im direkten Umfeld und richtet seinen Blick zum Beispiel auf eine Pflanze. Durch sein drittes Auge nimmt man erstmal wahr, was vor einem ist, schließt dann die Augen und lässt das Bild der Pflanze innerlich nachwirken. Anschließend öffnet man seine Augen wieder und verbindet die gerade gesammelten Erfahrungen und Eindrücke mit dem Objekt vor sich.

Damit man die Aura einer Person sehen kann, muss sich diese vor eine weiße Wand stellen. Sanft richtet man seinen Blick auf den Kopf der Person, ohne sich auf diesen genau zu fokussieren. Der Blick bleibt weich, als würde man durch die Person hindurchsehen. Im Anschluss richtet man seinen Blick auf den Raum, der den Körper umgibt. Mit etwas Übung erscheinen dort die Aurafarben, die alle jeweils eine eigene Bedeutung und eigene Eigenschaften haben.

Betrachten wir die Aura, erscheint diese als eine Komposition aus Farben vor dem inneren Auge, wobei die meisten Menschen eine bestimmte Farbe haben, die in ihrer Aura besonders hervorsticht. Je weniger Mischung die Farbe einer Aura hat und je deutlicher einzelne Farben sind, desto stärker sind wir im vollen Sein unseres Wesens. Die Aura kann sich über die Zeit jedoch ändern und die Farben könnten wechseln oder deutlicher und klarer werden. Die Farben, die am häufigsten auftreten, sind rot, orange, gelb, grün, violett, blau, braun, schwarz und weiß.

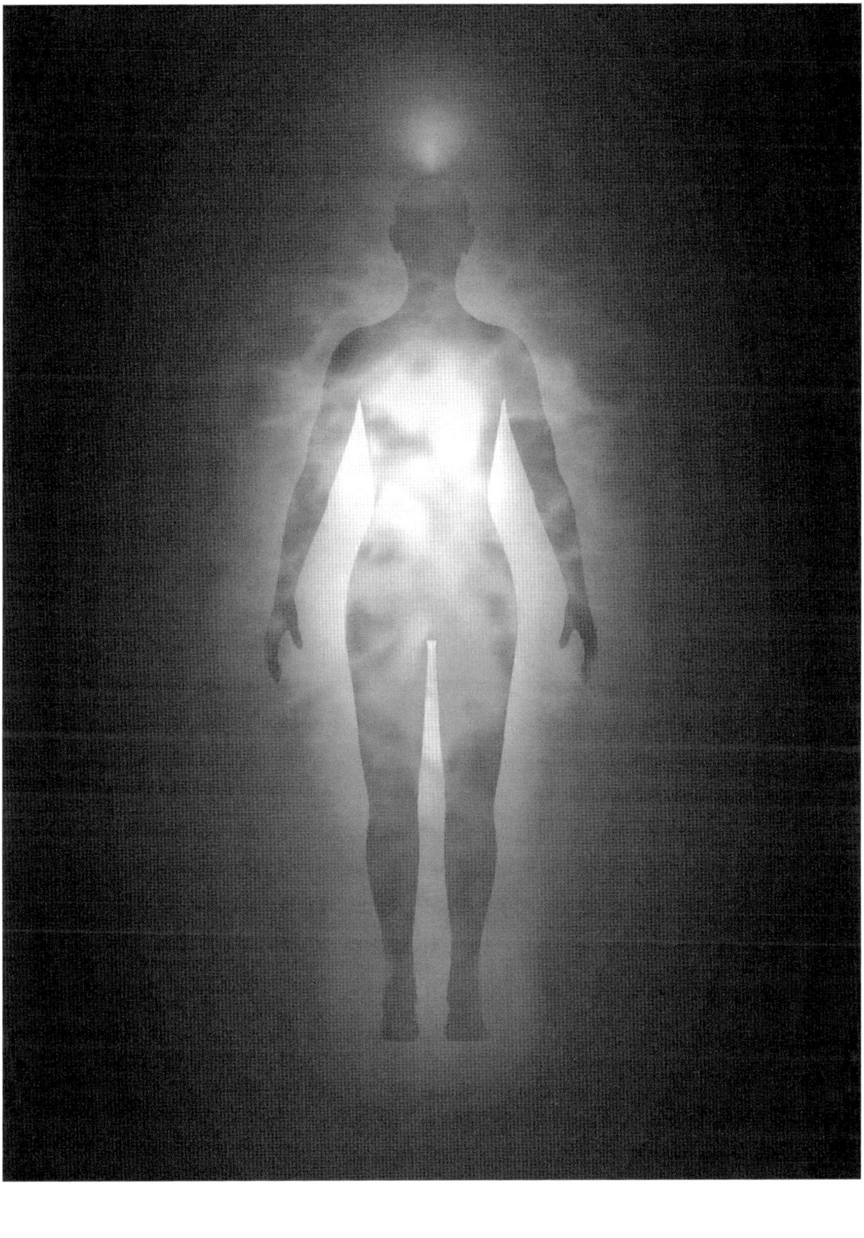

Eine **rote Aura** symbolisiert die Verbundenheit zur Erde, Vitalität und Sicherheit. Personen, die eine rote Aura haben, sind sehr selbstbewusst, aktiv, abenteuerlustig, physisch stark, energetisch und leidenschaftlich. Auf der anderen Seiten können Personen mit einer roten Aura aber auch ängstlich oder wütend sein und mit Überlebens- oder Verlustängsten zu kämpfen haben.

Menschen mit einer **orangenen Aura** sind kontaktfreudig, aufgeschlossen und strotzen nur vor Vitalität. Sie gehen Dinge dynamisch an, was diese Personen zu guten Führungskräften macht. Eine orange Aura kann jedoch auch bedeuten, dass Dinge zwar begonnen, aber nicht immer beendet werden. Die Impulsivität von Menschen mit einer orangenen Aura kann zu Unmut und letztendlich auch zu unüberlegten Handlungen führen.

Eine **gelbe Aura** steht für Lebensfreude, Fröhlichkeit, Kreativität und in gewisser Weise auch für Verspieltheit. Menschen, die eine gelbe Aura haben, sind wissbegierig, einfühlsam, optimistisch und stets auf der Suche nach einem tieferen Sinn. Sie können jedoch auch sehr kritisch zu sich selbst und ihrem Umfeld sein, was zu Kontrollwahn, Unentschlossenheit und Verlustangst führt.

Grün ist nicht nur die Farbe der Natur, sondern auch die Farbe der Entwicklung und des Wachstums. Personen, die eine **grüne Aura** besitzen, sind tief mit der Natur und unserem Planeten verbunden. Einerseits sind sie geerdet, aber andererseits auch mit anderen Menschen verbunden und sehr treu. Auf ihr Umfeld wirken sie ausgleichend, weshalb sie die optimalen Mediatoren*innen sind. Genauso gut kann eine grüne Aura aber auch Ungeduld und Perfektionismus symbolisieren und für Verletzlichkeit, Bindungsangst und Schwierigkeiten bei Entscheidungen stehen.

Eine **violette Aura** ist Ausdruck von Erleuchtung, Klugheit und Intuition. Menschen, die eine violette Aura haben, die aber nicht ausgeglichen sind, sind häufig gestresst, ängstlich und weisen unbelebte Grenzen auf.

Menschen mit einer **blauen Aura** haben starke kommunikative Fähigkeiten, sind empathisch, hilfsbereit, feinfühlig und sensibel. Da diese Feinfühligkeit aber auch beängstigend sein kann, ziehen sich Menschen mit einer blauen Aura oftmals zurück, sodass sie auf ihr Umfeld abwesend und distanziert wirken. Ihre Angst vor Zurückweisung macht sie zudem verletzlich.

Bei einer **braunen Aura** wird nochmals zwischen einem hellen und einem dunklen Braun unterschieden. Helles Braun ist ein Ausdruck von mangelndem Selbstbewusstsein, Entmutigung und Verwirrung, währenddessen dunkles Braun auf Hintergehung und Selbstsucht hinweist.

Menschen mit einer **schwarzen Aura** haben negative Gedanken und ihre Emotionen fordern sie heraus. Sie durchleben gerade Enttäuschung, Pessimismus oder Trauer.

Eine **weiße Aura** gleicht die Farben, die mit eher negativen Aspekten besetzt sind, aus und steht für Wahrheit, Vision und Vollkommenheit. Sobald ein weißes Energiefeld jedoch blockiert ist, führt dies zu Erschöpfung und Einsamkeit.

Um sein eigenes Energiefeld sehen zu können, benötigt man einen Spiegel. Zuerst stellt man sich vor einen weißen Hintergrund und richtet seinen Blick anschließend sanft auf den Kopf aus, ohne ihn dabei detailliert zu betrachten. Dann wandert der Blick auf den Raum, der den Körper umgibt. Mit ein wenig Übung kann man hierbei die eigenen Aurafarben sehen. Umso sauberer und klarer die eigene Aura ist, umso wohler fühlt man sich in seiner Haut und umso stärker ist man Ausdruck eines reinen Wesens.

NEGATIVE ENERGIEN WAHRNEHMEN – SICHERE ANZEICHEN & MERKMALE, OB EINE REINIGUNG ERFORDERLICH IST

Energie ist überall um uns herum und jeder Mensch hat in seinem Leben schon einmal negative Energien gespürt. Negative Energien kann man überall in Menschen, Räumlichkeiten oder Gegenständen finden und erfühlen. Leider haben viele Menschen verlernt, Emotionen und Energien bewusst wahrzunehmen, obwohl wir ständig von diesen beeinflusst werden, auch wenn wir das manchmal gar nicht wirklich bewusst mitbekommen. Je intensiver und bewusster wir spüren, umso eher können wir selbst entscheiden, wie wir auf bestimmte Energien reagieren. Somit gelingt es uns, unseren Umgang mit Energie kreativ zu gestalten.

Jeder Mensch hat ein Sensorium, um negative Energie zu spüren. Je mehr wir lernen, Energien auf einer bewussten Ebene wahrzunehmen, umso besser können wir mit ihnen umgehen. Hat eine Person im nahen Umfeld zum Beispiel schlechte Laune, können wir ihn*sie direkt darauf ansprechen und uns danach erkundigen, was die Ursache dafür ist. Wird man nämlich selbst mit schlechter Energie konfrontiert, kann einen das selbst herunterziehen. Deshalb sollten wir schlechte Energien immer vermeiden und in möglichst hoher Energie schwingen.

Schlechte Energien kann man fühlen und spüren und es gibt mögliche Anzeichen und verschiedene körperliche Symptome, die darauf hindeuten, dass man mit negativen Schwingungen zu tun hat oder diese sogar selbst in einem stecken, wir sie aber einfach nur übersehen.

Negative Energien merkt man zum Beispiel daran, dass man schlecht drauf ist und sich schnell genervt fühlt. Man selbst hat den Eindruck, dass man im eigenen Leben nicht vorankommt. Stattdessen ist man ständig nur unzufrieden, unorganisiert, nörgelt an allem rum und fühlt sich niedergeschlagen. Negative Gedanken streifen regelmäßig durch den Kopf, doch auf neue Ideen wird aussichtslos gewartet. Und sobald man unter Menschen geht, wird die eigene Stimmung nur noch schlechter.

Negativitäten können aber auch in Form von chronischen Schmerzen zum Ausdruck kommen, denn negative Energien führen nicht selten zu Verspannungen und Verengungen in der Muskulatur. Ständiger emotionaler und körperlicher Stress und negative Schwingungen belasten den Körper und führen zu Schmerzen und Müdigkeit. Ein weiteres Anzeichen dafür, dass wir von Energiefressern umgeben sind, sind Gefühle der Verärgerung oder der Verwirrung, sobald wir mit anderen Menschen sprechen. Doch auch alle anderen Emotionen, die sich negativ anfühlen, sind ein Zeichen für negative Schwingungen.

Wenn es um die Energie in unserem Körper geht, können auch Atemschwierigkeiten ein Zeichen dafür sein, dass uns etwas nicht gut tut. Empfinden wir zum Beispiel Trauer, schließen wir diese in unserer Lunge ein, wo sie als Emotion stecken bleibt. Sind wir von unseren Emotionen überwältigt, kann das also zu Atemschwierigkeiten führen. Auch Magenschmerzen sind ein sehr sicheres Anzeichen dafür, dass sich in unserem Umfeld oder in unserem Körper negative Energien festgesetzt haben. Manchmal ist man in bestimmten Situationen so gestresst, dass sich die Spannungen im Bauch halten und Magenschmerzen entstehen. Viele Menschen bekommen zudem stumpfe Kopfschmerzen, sobald sie mit negativen Schwingungen konfrontiert werden. Die Ursachen für Kopfschmerzen sind zwar meist sehr vielfältig, doch sind wir nicht fähig, ihren Ursprung zu lokalisieren, sind negative Energien häufig der Auslöser.

Manifestieren sich negative Energien als Spannung im Körper, ist unser Verstand gefüllt von negativen Gedanken. Wir fühlen uns traurig, unruhig und angespannt und haben das Gefühl, körperlich zurückgedrängt zu werden und abwesend zu sein. Negative Energien können sich aber auch in Depressionssymptomen widerspiegeln.

Depressionen führen außerdem dazu, dass negative Schwingungen überhaupt erst in den Körper eindringen können.

Negative Energien können überall lauern, doch negative Schwingungen gehen nicht immer nur von Menschen aus. Auch Räume, Gegenstände und Pflanzen haben Einfluss auf uns. An manchen Orten fühlen wir uns unwohl, wohingegen wir an anderen Orten gerne länger bleiben würden. Da es jedoch nicht immer nur die anderen sind, die negative Energien ausstrahlen, sondern man selbst die Ursache sein kann, macht es Sinn, selbst positive Energien zu erzeugen.

Um Energie besser spüren zu lernen und mehr Bewusstsein zu entwickeln, hilft es, seinen Körper so oft wie möglich von innen zu spüren.

Anleitung

Dafür kann man einfach seine Augen schließen und erst einmal versuchen, seine eigene Hand wahrzunehmen und von innen zu spüren. Sind die Augen geöffnet, sieht man, dass die Hand da ist. Doch was passiert, wenn die Augen geschlossen sind? Nimmt man seine eigene Hand dann immer noch wahr? Spürt man ein Wärmegefühl oder ein Kribbeln in den Händen, sobald die Augen geschlossen sind? Woher weiß man eigentlich, dass die Hand da ist, wenn man doch seine Augen geschlossen hat? Kann man die Hand spüren? Wenn nicht, sollte man immer weiter üben und versuchen, die Hand auch bei geschlossenen Augen zu fühlen. Spürt man sie hingegen direkt, wiederholt man die Übung so oft wie möglich und versucht sich auch an anderen Körperstellen.

Dafür fängt man erstmal unten bei den Füßen an und wandert dann durch den gesamten Körper nach oben zum Kopf. Die einzelnen Körperbereiche sollten dabei so viel Aufmerksamkeit wie möglich bekommen. Zum Schluss wird dann für einige Sekunden der gesamte Körper auf einmal wahrgenommen. Wiederholt man diese Übung häufig, wird einem früher oder später bewusst werden, dass man auch die Energie anderer Menschen spüren kann.

RÄUME & HÄUSER ENERGETISCH REINIGEN

Bei der wundervollen Methode des Räucherns, die im feinstofflichen Bereich wirkt, werden die Pflanzenwirkstoffe in Schwingung versetzt, welche anschließend dazu beitragen, Energiemuster zu verändern. Auf sanfte Weise verändert das Räuchern also die energetischen Verhältnisse in uns und um uns herum.

Das Räuchern ist eine der ältesten und gleichzeitig eine der wirkungsvollsten Methoden, die feinstofflichen Potentiale von verschiedenen Pflanzen für unsere innere Entwicklung und allgemeine Gesundheit zu nutzen. Die Wahl der richtigen Räucherwerke hilft, unausgewogene Zustände in unseren Energiekörpern zu regulieren und zu harmonisieren. Denn jede Pflanze besitzt Kräfte, die uns sowohl auf körperlicher als auch auf mentaler, emotionaler und spirituell-geistiger Ebene unterstützen können.

Pflanzen haben feinstofflich-ätherische Inhaltsstoffe, die uns über verschiedene Wirkungsmechanismen, wie unseren Riechsinn, beeinflussen. Dieser sitzt im ältesten Teil des Gehirns – dem limbischen System, welches die letzten Reste unserer Instinkte beinhaltet. Das limbische System bildet die Brücke zur feinstofflich-ätherischen Welt, sodass Gerüche einen ungefilterten und direkten Zugang zu unserer Psyche haben. Und genau über diesen Mechanismus kann sich die Wirkung von feinstofflichen Pflanzenkräften entfalten.

Die direkte Aufnahme der feinstofflichen, pflanzlichen Schwingungen über unsere Aura ist ein weiterer Wirkungsmechanismus der Pflanzenkräfte. Die Methode des Räucherns setzt die energetischen Pflanzenstoffe unverfälscht und natürlich frei. Dadurch können sie direkt von unserem feinstofflichen Körper aufgenommen und integriert werden. Die Pflanzenenergien, die durch das Räuchern freigesetzt werden, erzeugen verschiedene Reaktionen in unserem feinstofflichen System und setzen in erster Linie immer erstmal emotionale und mentale Reaktionen frei. Diese Reaktionen können sich von entspannenden Regungen bis hin zu starken Aggressionsreaktionen entfalten. Abhängig davon, wo unsere Verletzlichkeiten und Bedürfnisse im Moment liegen, erleben wir auch immer andere Reaktionen.

Energetische Behandlungsmethoden haben alle gemeinsam, dass eine Veränderung des energetischen Musters angestrebt wird, damit die Harmonie, die ursprünglich bestand, wieder hergestellt werden kann. Räucherstoffe wirken, je nach ihrem energetischen Potential, unterschiedlich auf Körper, Geist und Psyche. In jedem Fall ist das Räuchern ein machtvolles Tool, um unsere Gedanken und Emotionen zu lenken und zu beeinflussen. Denn durch die Pflanzenenergie, die mit Hilfe von Feuer freigesetzt wird, gelingt es uns, bewusst eine Brücke nach innen zu bauen und das eigene Leben schrittweise neu zu lenken.

Der Geruch des Räucherwerks wird normalerweise als wohltuend empfunden, wenn die feinstofflichen Pflanzenenergien in dem Bereich liegen, in dem Unterstützung benötigt wird. Empfindet man den Duft des Räucherwerks als eher unangenehm, stimulieren die Energien einen bestimmten Bereich, in dem ein zusätzlicher Aufbau an Energie schädlich wäre. Es kann jedoch auch sein, dass die Energien an unbewussten traumatischen Themen ansetzen, die noch nicht verarbeitet wurden. In jedem Fall ist unser Geruchssinn authentisch und hilft uns, das für uns passende Räucherwerk zu finden.

Räucherwerk kann jedoch nicht nur für Körper, Geist und Seele heilsam sein, sondern auch dicke Luft in Räumen und Häusern auflösen. Die jeweilige Wirkung ist immer vom gewählten Räucherstoff abhängig. Sie reicht jedoch von einer energetischen Reinigung bis hin zu einer spirituellen Transformation. Räucherdüfte habe viele verschiedene Wirkungen, doch stellen immer ein seelisches Gleichgewicht her. Einige Düfte lösen die Hektik des täglichen Lebens und andere helfen uns, Abstand zu gewinnen und den Zugang zu uns selbst wiederzufinden. Räucherdüfte dringen beim Verräuchern ganz tief in unser Unterbewusstsein und unsere Räume ein und bieten uns so eine einzigartige Möglichkeit, uns mit einer höheren spirituellen Ebene zu verbinden und negative Energien in positive umzuwandeln.

Ganze Wohnungen bzw. Häuser inklusive aller Gegenstände werden von negativen Schwingungen gereinigt und ganz gezielt mit neuen und positiven Schwingungen aufgeladen. Die einzelnen Räume werden dabei nicht nur energetisch geklärt und gereinigt, sondern es wird eine harmonische und entspannende Atmosphäre geschaffen, in der man sich wohlfühlt. Alte und festgefahrene Schwingungsmuster werden gelöst und höhere und vor allen Dingen positive Schwingungen werden verfestigt.

Kräuterkunde von A-Z

Beifuß	Beifuß ist eines der ältesten Räucherkräuter und hat eine starke reinigende Kraft. Er löst schwere und dichte Energien auf, hilft bei Elektrosmog und baut allgemeine Spannungen und Stress gut ab. Beifuß unterstützt bei Veränderungen im Leben, hilft, loszulassen, und eignet sich gut für einen Neubeginn. Das Kraut hat einen warm-erdigen und bittersüßen Geruch, spendet Energie und stärkt gleichzeitig die Lebenskraft. Das Räucherwerk gilt als Schutzzauber gegenüber Gefahren und dem Bösen und wird darüber hinaus gerne an Wendepunkten im Leben verwendet. Beifuß hilft dabei, Altes hinter sich zu lassen und den Hinweisen des eigenen Unterbewusst-seins zu folgen, da er die Seele für göttliche Schwingungen öffnet.

Dost (Oregano)	Dost wird als Räucherkraut zwar kaum noch angewendet, eine Räucherung mit Dost soll jedoch vor fremden Einflüssen schützen. Das Kraut verströmt ein wärmendes Aroma und hat einen aromatischen und leicht würzigen Duft. Es hat eine beruhigende Wirkung, besänftigt und stärkt sowohl die Ausdauer als auch den Mut.
Eberraute (Colakraut)	Die Eberraute ist eine Räucherpflanze, die würzig, aromatisch und colaartig bzw. zitrusartig riecht. Das Colakraut hat eine belebende, stärkende, erfrischende und gleichzeitig schützende Wirkung. Das Räuchern mit der Eberraute unterstützt bei Antriebslosigkeit, Müdigkeit und Erschöpfung und kann zudem Insekten vertreiben.
Eisenkraut, Verbene	Eisenkraut hat einen sehr intensiven, herben, würzigen, krautigen und angenehm warmen Duft. Bereits in der Antike wurde Eisenkraut als besonderes Heilkraut zum Räuchern eingesetzt und gilt als sehr magisch. Später verwendeten auch Hexen und Druiden das magische Räucherwerk, dem nachgesagt wird, dass es die Konzentration, die Zielgerichtetheit, die Klarheit und die Hellsicht fördert und Reichtum und Schutz garantiert.
Fenchel (grün)	Fenchelräucherungen duften frisch, fruchtig und anisartig und wirken aufbauend, wärmend, tröstend und entspannend. Außerdem lässt sich Fenchel sehr gut in Räuchermischungen integrieren.

Holunderblüten	Beim Räuchern entfalten Holunderblüten ihren süßlichen und blumig würzigen Duft. Die getrockneten Blüten werden auf einem Räuchersieb schnell braun und sind dementsprechend zeitnah ausgeduftet, weil sie so leicht und zart sind. Deshalb eignen sie sich als Duftimpuls oder in Mischungen mit Harzen und Kräutern am besten. Die Holunderblüten passen sich sehr gut an und verleihen Räuchermischungen eine blumige und süße Note. Zudem ist die Holunder eine Schwellenpflanze, die früher als heilig galt und als Ahnen- und Schutzbaum verehrt wurde.
Johanniskraut	Das Räucherwerk Johanniskraut wirkt beruhigend und baut Spannungen ab, weshalb es ratsam ist, es nach einem Streit anzuwenden. Johanniskraut hellt die Stimmung auf, da es Sonne und Licht symbolisiert. Aus diesem Grund hilft es auch bei Depressionen, Kummer und Traurigkeit, öffnet den Geist und fördert das Vertrauen. Das Kraut reinigt mit seinem leicht frischen, blumigen, süßlichen und warmen Duft Räume mit einer hohen elektromagnetischen Spannung.
Kamille (europäisch)	Die balsamisch-kräuterig duftende Kamille bringt bei der Räucherung Geborgenheit und Wärme ins Haus. Sie wirkt erdend, beruhigend, schützend und aufbauend und kann Blockierungen lösen.

Kreuzkümmel	Das Räuchern akzentuiert den vielseitigen und feinen Duft des Kreuzkümmels, wobei zuerst die frischen Bestandteile des Dufts und später erst die würzigen Anteile hervorstechen. Kreuzkümmel vermehrt sowohl die Energie als auch die Tatkraft während des Räucherns. Insbesondere im Kontext von Veränderungen ist das Kraut ein hervorragender Helfer, der Mut und Kraft spendet. Kreuzkümmel ist dabei überhaupt nicht aufdringlich, sondern lässt Raum für Entwicklungen. Beliebt ist die Anwendung des Krauts auch bei Unzufriedenheit, wenn Klärungsbedarf besteht und wenn neue Impulse benötigt werden, um Pläne in die Tat umzusetzen.
Lavendel	Durch den süßen und frischen Duft des Lavendels wird beim Räuchern ein einzigartiger Geruch verströmt. Lavendel wirkt reinigend, klärend, belebend, beruhigend, ausgleichend, erfrischend, verbindend und aufbauend. Er bringt Sanftmut und Frieden und verschafft einem einen klaren Geist. Lavendel kann überschüssige Energie aufnehmen und Energie spenden, wenn davon zu wenig vorhanden ist. Als Räucherwerk hilft Lavendel vor allen Dingen beim Loslassen.
Lemongras	Lemongras wirkt durch seinen frischen, sommerlich-süßen und waldigen Geruch in einer Räucherung anregend und aktivierend. Am besten wird Lemongras in Räuchermischungen oder auf einem Räuchersieb verräuchert.
Mastix	Das Harz stärkt die Intuition, vermittelt das Gefühl von Helle und bringt Sonne und Licht in die Seele, weshalb es stimmungsaufhellend wirkt.

Myrrhe	Die Myrrhe ist kein Kraut, sondern ein Harz zum Räuchern. Es symbolisiert die Weiblichkeit und wirkt beruhigend, erdend, zentrierend und ist sehr heilsam. Insbesondere als Unterstützung bei der Meditation eignet sich das Harz besonders gut.
Palo Santo	Das heilige Holz wird verwendet, um negative Energien zu vertreiben und gleichzeitig positive Energie anzuziehen. Palo Santo hat einen angenehmen, leicht süßlichen, holzig warm duftenden Geruch, den böse Geister scheuen. Gute Geister werden von seinem Aroma hingegen angezogen, weshalb die Räucherung mit Palo Santo Ausgeglichenheit, Ruhe und eine optimistische Grundstimmung spendet. Das heilige Holz eignet sich auch bei Spannungen und Ärger ideal, weil es das Herz ganz leicht werden lässt.
Pfefferminze	Die Pfefferminze duftet zu Beginn minzig und bekommt mit der Zeit einen krautigen Geruch. Die Räucherung mit Pfefferminze dient in erster Linie der Lufterfrischung. Nichtsdestotrotz wirkt sie klärend auf den Geist, bringt Schwingungen in Fluss, entspannt die Nerven und vitalisiert den Körper. Die Pfefferminze gibt nicht nur den nötigen Impuls zum Handeln, sondern ist auch für das frische Räuchern eine sommerliche und schöne Zutat.

Salbei (vor allem weißer)	Salbei ist eines der bekanntesten und ältesten Kräuter, die bei der Räucherung eingesetzt werden. Aufgrund seiner reinigenden Wirkung wird der Salbei häufig für die Klärung von Personen, Räumen und Häusern verwendet. Dabei wird einfach ein Salbeiblatt angezündet und sofort kann man den krautig herben Geruch des Salbeis intensiv wahrnehmen. Er löst Emotionen und Gedanken auf und wehrt negative Einflüsse ab.
Sandelholz	Das wunderbar duftende, balsamische und weiche Sandelholz schafft beim Räuchern eine Atmosphäre des Friedens, der Ruhe und der Geborgenheit. Sandelholz hilft einem, wieder seine innere Mitte zu finden und sich dem Fluss des Lebens und der Liebe vollkommen hinzugeben. Es wirkt beruhigend, aufbauend und spannungslösend und eignet sich besonders gut bei Hektik und Stress. Außerdem passt das Sandelholz zu allen anderen Düften und kann deshalb hervorragend in Räuchermischungen eingesetzt werden. In der tibetischen Heilkunde wird es bei seelischer Auszehrung als Heilmittel eingesetzt.
Schafgarbe	Die Schafgarbe unterstützt die Entwicklung von Visionen und hilft bei der Verarbeitung von Träumen. Auch zum Orakeln und für den Blick in die Zukunft eignet sich Schafgarbe bestens. Schafgarbe verbreitet beim Räuchern einen intensiven würzigen Duft, wobei die Blätter und die Blüten verwendet werden. Wenn der Lebensfluss ins Stocken geraten ist, hilft die Schafsgarbe dabei, wieder in die eigene Mitte zurückzufinden.

Storaxbaumrinde	Das Holz entfaltet beim Räuchern seinen erdigen, holzigen und sehr aromatischen Duft, der leicht vanillig riecht. Storaxbaumrinde hat eine erdende und wärmende Wirkung und eignet sich besonders gut in der Kombination mit Sandelholz oder Myrrhe in sinnlichen Räuchermischungen.
Wermut	Wermut hat besonders für den Schutz und das Orakel eine lange und magische Tradition. Ihm wird eine schützende Kraft vor schlechten Einflüssen nachgesagt. Die Pflanze befreit das Denken, indem es den Geist öffnet und Schutz bietet. Zudem wird Wermut oftmals mit Liebe und Erotik in Verbindung gebracht, weil es die Sinnlichkeit und die Hingabe fördert und anregend wirkt.

Material & Räuchermethoden

MATERIALÜBERSICHT FÜR EINSTEIGER

Die jeweiligen Materialen, die benötigt werden, um ein Räucherritual zu praktizieren, sind in erster Linie abhängig von der gewählten Methode. Die meisten Utensilien bleiben dabei aber gleich.

- **Räuchern mit Räucherkohle (klassisches Räucherritual):** Räucherkohle, Räucherschale, Räuchergefäß (z. B. Räucherpfanne), Räuchersand, Räuchermischung, Räucherzange, Feuerzeug, Räucherlöffel

Anmerkung: entweder speziell fürs Räuchern entwickelte Kohle oder einfach ein Stück Glut

- **Räuchern mit Stövchen:** Stövchen, Räucherwerk, Sieb, Teelicht, Streichhölzer

Anmerkung: Stövchen aus Holz sind für Naturliebhaber*innen ideal; Stövchen aus Messing sind langlebig; aus Keramik sind schön, aber zerbrechlich; aus Speckstein sind sie individuell, aber grob

- **Räuchern mit Räucherstäbchen:** Räucherstäbchen, Halter, Räucherschale zum Auffangen herunterfallender Asche, Feuerzeug
- **Räucherschale:** muss feuerfest sein, am besten eine aus Messing oder Steingut, keinen Aschenbecher verwenden (Räuchern ist etwas Rituelles)
- **Räuchersand:** entweder speziell fürs Räuchern entwickelter Sand, der die Kohle belüftet und isoliert, oder einfacher Sand aus der Kiste, der sterilisiert wurde, damit sich im Raum keine Bakterien verteilen
- **Räuchern mit Räuchersalbei:** Räucherbündel bzw. Salbei, Feuerzeug, Räucherschale mit Sand
- **Räuchern mit weißem Salbei:** weißer Salbei, Feuerzeug
- **Räucherwerk:** Kräuter, Harze, Blüten, Hölzer

METHODEN

Neben der klassischen Räuchermethode mit Räucherkohle, die beim feinstofflichen oder energetischen Reinigen empfohlen wird, da dabei am meisten Rauch entsteht, gibt es noch weitere Methoden, um sein Zuhause auszuräuchern und von negativen Schwingungen zu befreien.

Ausräuchern mit Räuchersalbei

Das Ausräuchern mit Salbei oder einem Räucherbündel ist eine stark energetisch reinigende Methode, die viel Rauch erzeugt und bei schamanischen bzw. indianischen Räucherzeremonien eingesetzt wird. Bei dieser Methode wird ein Raucherbündel angezündet und anschließend wieder ausgepustet. Dabei raucht der glühende Salbei stark und verströmt auf diese Weise seinen intensiven Duft. Bei der Handhabung ist jedoch Vorsicht geboten, da eine erhöhte Brandgefahr besteht. Deshalb hält man unter das Räucherbündel am besten eine Räucherschale oder einen Teller mit Sand, um den Salbei notfalls sofort ausmachen zu können. Zudem werden Aschereste und herunterfallende Glut von dem Teller aufgefangen.

Ausräuchern mit Räucherstäbchen

Das Ausräuchern mit Räucherstäbchen ist insbesondere in Asien eine weit verbreitete Methode. Vor allem die Regionen, die vom Buddhismus und vom Hinduismus geprägt sind, räuchern Wohnungen und Häuser sehr häufig mit Räucherstäbchen aus. In Bali finden sich zum Beispiel auch vor jedem Haus kleine Tempel wieder, in denen Opfergaben bereitgestellt und anschließend mit Räucherstäbchen verräuchert werden. Zusätzlich findet derselbe Vorgang auch am Boden vor dem Haus statt, weil auch den niedrigen Geistern Opfer gebracht werden sollen.

Bei einer energetischen Hausreinigung mit Räucherstäbchen sind spezielle Halter für die Stäbchen ideal geeignet. Die Räucherstäbchen können dann ganz einfach in die dafür vorgesehenen Halter gesteckt und an der Spitze angezündet werden, bis sie leicht zu glühen und zu rauchen beginnen. Räucherstäbchen sind jedoch keine Kerzen, weshalb sie auch nicht in Flammen aufgehen sollten. Sollten Flammen entstehen, wedelt man die Räucherstäbchen am besten sanft aus und zündet sie nach einiger Zeit erneut an.

Auf dem Markt sind zwar zahlreiche Angebote für Räucherstäbchen zu finden, doch gute Räucherstäbchen zu erwerben, ist gar nicht so einfach. Grundsätzlich unterscheidet man zwei Arten der Herstellung von Räucherstäbchen.

Für die **Masala-Räucherstäbchen** wird eine Grundmischung aus Kräutern, Ölen, Harzen und Hölzern hergestellt. Die Kräuter werden dabei zu Pulver zerstoßen und gemeinsam mit den Ölen und Harzen zu einer Paste verarbeitet, die anschließend in die Form von Stäbchen gerollt wird. Die Hölzer werden überwiegend aus Sandelholz gewonnen und später zu feinen Spänen zerkleinert. Bei der Herstellung werden ausschließlich reine Stoffe verwendet, weil diese für die spätere Qualität entscheidend sind. Allerdings finden sich auf dem Markt auch Räucherstäbchen, die mit synthetischen Stoffen versehen sind. Diese erkennt man an ihrem lang anhaltenden und sehr intensiven Duft. Leider sind die billigen Produkte krebsfördernd und gesundheitsschädlich.

Bei **getauchten Räucherstäbchen** wird eine Substanz aus Holzkohle und Sägemehl um den Holzkern gelegt. Anschließend werden diese Rohlinge in unterschiedliche Duftmischungen getaucht, wobei oftmals synthetische Duftmischungen verwendet werden. Auf diese Art und Weise gelingt es Herstellern*innen zum Beispiel, den Duft von Erdbeeren zu produzieren. Grundsätzlich werden getauchte Räucherstäbchen nur dann empfohlen, wenn diese in rein natürliche Öle getaucht wurden. Räucherstäbchen aus rein natürlichen Ölen sind jedoch eher selten und haben keinen besonders intensiven Geruch, weil sich das Öl zu schnell verflüchtigt.

Räuchern auf Stövchen

Das Räuchern auf Räucherstövchen ist eine neue und saubere Methode, ohne Räucherkohle zu räuchern. Sie lässt sich ohne Probleme in den Alltag integrieren und verkörpert somit das moderne Räuchern. Die heilende Wirkung des Räucherns ist durch das Räucherstövchen nachhaltiger, weil die losen Kräuterteile nicht so schnell verbrennen. Zudem spendet das Räucherritual Entspannung und bringt einen schönen Duft ins eigene Zuhause ein.

Beim Räuchern auf Stövchen wird das Räucherwerk auf ein feinmaschiges größeres Sieb gegeben, welches aus Messing oder Edelstahl besteht. Dadurch kann die Rauchentwicklung kontrolliert werden und schonend und häufiger zwischendurch geräuchert werden. Zudem dient ein Teelicht als Hitzequelle.

Zu Beginn wird das Räucherwerk an den Rand des Siebes gestreut, sodass es ganz sanft und ohne Rauch verglimmen kann. In der Folge kann sich der pure Duft der Kräuter und der Harze vollkommen entfalten. Ein weiterer Vorteil dieser Methode ist, dass verglimmte Pflanzenteile nicht mehr ständig entfernt werden müssen. Möchte man etwas Rauch produzieren, können die Kräuter ganz einfach in die Mitte des Siebes geschoben werden.

An dieser Stelle muss außerdem angemerkt werden, dass Kräuter und Blüten schneller als Harze verglühen. Sobald ihr Verkohlungsprozess beginnt, sollten sie entweder mit einem kleinen Löffel, einer Zange oder einem Federkiel entfernt werden, weil das Sieb, nach häufigem Gebrauch, von den Harzen verklebt. Anschließend kann dieses einfach über einer Kerzenflamme ausgebrannt und mit einer Drahtbürste und ein wenig Spülmittel unter fließendem Wasser ausgebürstet werden. Zum Reinigen gibt es verschiedene Metallbürsten, wobei die Bürsten mit Messingborsten und einem Holzgriff zum Ausbürsten von Räucherrückständen am besten geeignet sind.

Räuchern mit weißem Salbei

Das Räuchern mit getrocknetem weißen Salbei wird auch als "Smudging" bezeichnet. Der Salbei ist dabei getrocknet in kleinen Bündeln, weil sein intensiver Duft und sein dichter Rauch so besser hervorgebracht werden können. Beim Smudging wird der Salbei vorsichtig an einem Ende entzündet, bis er zu glühen beginnt (ohne zu brennen) und feiner weißer Rauch aufsteigt. Die Flamme, die beim Entzünden entstanden ist, kann ganz einfach ausgewedelt werden.

Energetische Reinigung Schritt für Schritt

EXEMPLARISCHE ANLEITUNG

Schritt 1: Vorbereitung auf das Räuchern

Immer, wenn mit Kohle geräuchert wird, entsteht viel Rauch, weshalb es ratsam ist, vorhandene Rauchmelder vor dem Räuchern abzunehmen bzw. die Batterien zu entfernen. Alternativ kann man über Rauchmelder auch Einweghandschuhe stülpen.

Bevor mit dem feinstofflichen Reinigen begonnen wird, sollten die einzelnen Räume unbedingt grobstofflich gesäubert werden. Am besten trennt man sich von allem, was man nicht mehr benötigt und putzt und reinigt sehr gründlich. Dafür finden sich beispielsweise zahlreiche Inspirationen in der Ausmist-Challenge auf dem Instagram-Profil von Eva Titze.

Bei der Vorbereitung auf das Räuchern ist immer wichtig, dass man sich ausreichend Zeit für sich selbst und seine Wohnräume nimmt. Einige Menschen stimmen sich dafür gerne mit einer Meditation ein, um positive Energien in den Räumen für sich selbst in Anspruch zu nehmen. Für die Planung des Räucherns bieten sich zudem verschiedene Mantras gut an, die man entweder laut oder in seinen Gedanken wiederholen kann.

Einige gute Mantras sind zum Beispiel:

- Unser Zuhause ist ein Ort voller Harmonie, in welchem wir neue Kraft tanken können.
- Unser Zuhause ist ein Ort der Erholung. Es ist ein Ort, der mit Freude gefüllt ist und an dem wir uns sicher und geborgen fühlen.
- Unser zu Hause wird von positiver Energie durchflutet.
- Die Räume in unserem zu Hause unterstützen uns bei allem, was wir tun.

Schritt 2: Räucherkohle richtig anzünden

Die im Handel erhältlichen Räucherkohlen sind meistens mit einem Schnellzünder versehen, wodurch die Kohle ganz einfach angezündet werden kann. Am besten hält man die Räucherkohle mit einer Räucherzange fest, damit man sich nicht die Finger verbrennt.

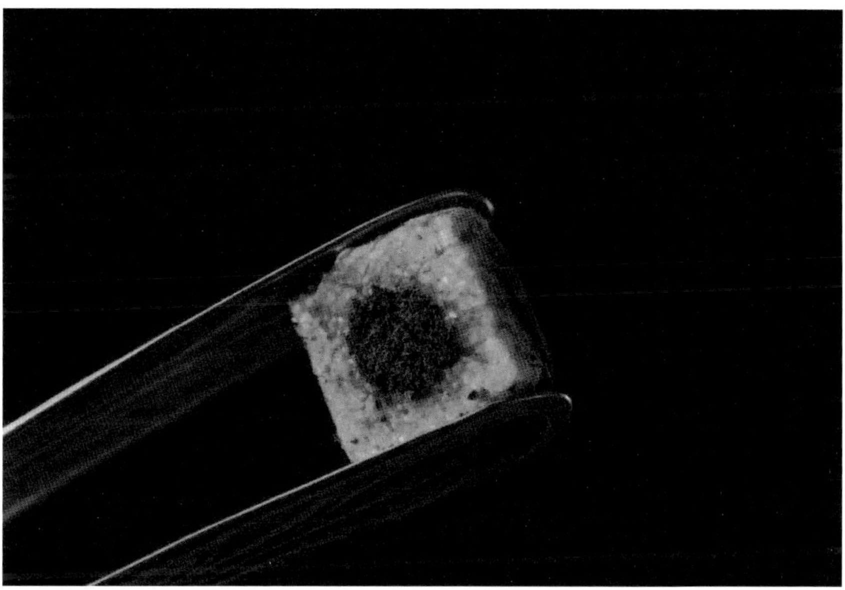

In der Zwischenzeit sollte eine feuerfeste Schale mit Sand befüllt werden und die angezündete Räucherkohle im Anschluss senkrecht auf den Sand gestellt werden, da sie so am schnellsten durchbrennt. Der Schnellzünder zieht anschließend mit kleinen roten Spritzern durch die ganze Kohle. Zudem verhindert der Sand, dass die Schale zu heiß wird, belüftet aber zeitgleich auch die Kohle.

Jetzt ist es wichtig, abzuwarten, bis sich rund um die Kohle eine graue Ascheschicht gebildet hat. Diese ist notwendig, damit die Räucherkohle die richtige Temperatur erreicht, wodurch sich der Duft und die Wirkung der jeweiligen Räuchermischung bestmöglich entfalten kann. Es dauert etwa zehn bis fünfzehn Minuten, bis sich die Ascheschicht gebildet und die Kohle somit vollständig durchgebrannt ist. Erst dann hat sie die richtige Temperatur und das Räucherwerk wird nicht zu stark erhitzt und kann somit nicht verbrennen.

Schritt 3: Reinigende Räucherung

Sobald die Räucherkohle rundherum grau ist, wird sie flach in den Sand und darauf ein reinigendes Räucherwerk gelegt. Türen und Fenster bleiben geschlossen, wohingegen alle Laden und Schränke geöffnet werden, sodass der Rauch überall hingelangt.

Am besten startet man bei der Eingangstür und geht dann gegen den Uhrzeigersinn durch jeden Raum und geht dabei jeden Winkel und jede Ecke ab. Auch die Räuchermischungen sind von den Inhaltsstoffen gegen den Uhrzeigersinn aufgebaut. Das Räucherwerk darf gerne richtig rauchen und der Rauch sollte in jedem Raum stehen.

Auf dem Rundgang sollte man außerdem frisches Räucherwerk und die Zange mitnehmen, sodass man dieses mehrmals austauschen kann, weil es während der Räucherung verbrennt. Das merkt man daran, dass die Räuchermischung nach einiger Zeit verbrannt oder unangenehm riecht. Bevor das passiert, sollte sie daher mit der Zange von der Räucherkohle gestrichen, in den Sand gelegt und frisches Räucherwerk auf die Kohle gegeben werden. Als grober Richtwert gilt, dass man für eine Wohnfläche von etwa 100 m^2 ungefähr 25 g Räucherwerk benötigt.

Bildet sich an einigen Stellen im Raum kein Rauch, bedeutet das, dass die Energie dort stark verdichtet ist. Vorzugsweise bleibt man an dieser Stelle so lange stehen, bis sich auch dort ausreichend Rauch gebildet hat, damit sich negative Energien auflösen können. Grundsätzlich sollte man mit der Räucherschale immer solange umhergehen, bis der Rauch im Raum steht. Bei größeren Häusern bzw. Wohnungen kann dieser Schritt durchaus bis zu einer ganzen Stunde dauern und relativ anstrengend sein.

Sobald der Rauch kurz eingewirkt ist, können alle Fenster geöffnet und das Haus bzw. die Wohnung gut durchgelüftet werden, sodass der Rauch abziehen kann.

Schritt 4: Räuchern, um ein Thema einzubringen

Wurden die alten Energien entfernt, kann man seine Aufmerksamkeit auf spezielle Räuchermischungen richten, die man ganz nach seinen persönlichen Vorlieben aussuchen kann. Dabei kann man sich zum Beispiel für eine Mischung entscheiden, die die Harmonie des Familienlebens unterstützt, oder eine Mischung, die Schutz und Geborgenheit spendet.

Durch das Lüften im vorherigen Schritt ist nicht nur frische Luft ins Zuhause gekommen, sondern es sind auch neue Energien miteingezogen. Die Unruhe, die durch das Loslassen und das anschließende Lüften entstanden ist, wird mit dem Thema der neuen Räucherung wieder in Einklang gebracht.

Die Fenster sind erneut geschlossen und das neue Räucherwerk wird, genau wie beim reinigenden Räuchern, auf die Räucherkohle gelegt. Gestartet wird erneut beim Eingang. Anders als im dritten Schritt wird das Haus bzw. die Wohnung nun jedoch im Uhrzeigersinn abgelaufen. Die Räucherung gewinnt langsam an Intensivität und auch der Rauch darf sich gut verteilen, muss dieses Mal allerdings nicht mehr in den Räumen stehen. Im Anschluss sollte, wie bereits nach dem ersten Räucherdurchgang, gut gelüftet werden.

Das gesamte Räucherritual kann durchaus zwei bis drei Stunden beanspruchen und körperlich anstrengend sein. Aus diesem Grund sollte man sich danach auch Ruhe gönnen, duschen gehen und sich die Haare waschen, da man sonst dazu neigt, am nächsten Tag Kopfschmerzen zu bekommen.

Räuchern im eigenen Haus

In diesem Kapitel findet sich alles, was man zum Räuchern im eigenen Haus benötigt. Neben den zu den jeweiligen Räumen passenden Räucherwaren wird darauffolgend eine Anleitung zum Räuchern gegeben, sodass Sie selbst wählen können, mit welchem Zimmer Sie beginnen möchten oder welches bestimmte Zimmer geräuchert werden soll. Daher können sich Anleitungen von Zimmer zu Zimmer ähneln und wiederholen, wodurch aber ein Nachblättern vermieden wird.

Räucherwaren + Anleitung für...	
... Schlafzimmer	S. 48
... Wohnzimmer	S. 51
... Küche	S. 54
... Büro	S. 56
... Wenig genutzte Räume	S. 59
... Eingangsbereich	S. 62

RÄUCHERWAREN FÜRS SCHLAFZIMMER

Der Rauch der **Zeder** wirkt stärkend, aufbauend und harmonisierend auf den Geist und schafft in diesem Zusammenhang innere Stärke und neue Zuversicht.

Die Heilkraft des **Baldrians** befindet sich in den ätherischen Ölen seiner Wurzeln, deren Inhaltsstoffe gewisse Botenstoffe im zentralen Nervensystem hemmen. Dadurch kommt dem Baldrian eine beruhigende Wirkung zu. Nicht ohne Grund zählt er zu den bekanntesten und ältesten Einschlafhilfen unter den Kräutern. Seine schlaffördernde Wirkung bei leichten bis mittleren Schlafbeschwerden ist zudem wissenschaftlich bewiesen.

Der Zauber des **Lavendels** steckt in seinen Blüten. Seine beruhigende Wirkung ist wissenschaftlich erwiesen. Aus diesem Grund wirkt sich Lavendel auch auf die Psyche und den Schlaf positiv aus. Lavendel reinigt, klärt, belebt, erfrischt, gleicht aus und baut auf. Er bringt Frieden und Sanftmut und sorgt für einen klaren Geist. Außerdem kann Lavendel überschüssige Energie aufnehmen und gleichzeitig neue Energie spenden und beim Loslassen helfen.

Die Substanzen der **Hopfenblüten** können an unterschiedlichen Punkten im Körper greifen und so auch den Schlaf-Wach-Rhythmus steuern, da sich die schlaffördernden Bitterstoffe Lupolon und Humulon im Blütenstaub befinden.

Der **Beifuß** gehört zu den ältesten Räucherkräutern. Er hat eine reinigende, wärmende, beruhigende, selbstheilende und ermutigende Wirkung. Zudem löst er dichte und schwere Energien auf, baut dadurch Stress und Spannungen ab und eröffnet gleichzeitig neue Perspektiven. Der Beifuß hilft beim Loslassen und ist deshalb nicht nur bei zahlreichen Veränderungen und Wendepunkten eine große Unterstützung, sondern eignet sich auch für einen Neubeginn bestens. Der Duft des Beifuß spendet Energie und breitet sich als eine Art Schutzzauber in der Luft aus. Er öffnet die Seele für göttliche Schwingungen und folgt den Hinweisen des eigenen Unterbewusstseins.

Anleitung

1. Vorbereitung und Anzünden der Räucherkohle

Bevor mit dem feinstofflichen Räuchern begonnen wird, sollte das Schlafzimmer unbedingt **gesäubert** und die **Rauchmelder** sollten aus dem Raum entfernt werden. Nehmen Sie sich **Zeit** für die Vorbereitung und stimmen Sie sich ganz bewusst auf das Räuchern ein.

Jetzt muss erst einmal die **Räucherkohle** angezündet werden. Die meisten Räucherkohlen, die im Handel erhältlich sind, haben einen **Schnellzünder**. Das bedeutet, dass man die Kohle ganz leicht mit einem **Feuerzeug** anzünden kann. Dafür hält man sie am besten mit einer **Räucherzange** fest, um sich nicht die Finger zu verbrennen. Der Schnellzünder ist natürliches Salpetersalz, das sich dann mit kleinen roten Spritzern sofort durch die gesamte Kohle zieht. Anschließend wird die Räucherkohle in **eine mit Sand befüllte Räucherschale** gelegt. Der Sand hält die Hitze in der Schale und belüftet gleichzeitig auch die Kohle.

Tipp: Jetzt muss sich auf der Räucherkohle erst einmal eine **Ascheschicht** bilden. Das dauert etwa 10 bis 15 Minuten. Die Ascheschicht ist wichtig, damit die Räucherkohle die richtige Temperatur erreicht und sich der Duft und die Wirkung der Räucherstoffe und Räuchermischungen bestmöglich entfalten kann.

2. Reinigen

Sobald die Räucherkohle rundherum eine Ascheschicht gebildet hat, wird **ein reinigender Räucherstoff** – für das Schlafzimmer sind das Zeder, Baldrian, Lavendel, Hopfenblüten oder Beifuß – **auf die Räucherkohle gelegt**. Alle **Fenster und Türen**, die ins Freie führen, sollten nun **geschlossen** sein. Gereinigt wird immer **gegen den Uhrzeigersinn**. Auch Räuchermischungen sind von den Inhaltsstoffen so **aufgebaut. Am besten startet man bei der Schlafzimmertür und geht dann jede** Ecke und jeden Winkel des Raumes ab. Das Räucherwerk darf gerne **richtig rauchen** und der **Rauch sollte aufgehen und im Schlafzimmer stehen**, damit sich alles lösen kann. Falls sich an einigen Stellen im Raum kein Rauch bildet, ist das ein Zeichen dafür, dass die Energie dort besonders stark verdichtet ist. Dann kann man an dieser Stelle so lange stehen bleiben, bis sich ausreichend Rauch gebildet hat und sich die negativen Energien auflösen können. Nachdem der Rauch kurz eingewirkt ist, wird **ausgiebig gelüftet**.

3. Harmonisieren

Jetzt wird **ein zweites Mal geräuchert**. Der zweite Durchgang ist immer etwas entspannter und Sie werden merken, dass Sie sich leichter und freier fühlen.

Durch das Lüften im vorherigen Schritt ist nicht nur frische Luft, sondern auch **neue Energie miteingezogen**. Das Lüften und das Loslassen negativer Energien haben jedoch **Unruhe** mitgebracht, die mit dieser Räucherung nun wieder **in Einklang** gebracht wird. Beim Harmonisieren kann, je nach Wetter, auch bei offenem Fenster geräuchert werden. Dabei wird einfach wieder jeder Winkel und jede Ecke ausgeräuchert und so das System beruhigt.

4. Energieaufbau

Um neue Energie aufzubauen, wird ein **drittes Mal geräuchert**. Dafür werden erst einmal wieder **alle Fenster geschlossen**. Dieses Mal laufen Sie das Schlafzimmer **im Uhrzeigersinn** ab. Die Räucherung zum Energieaufbau ist wieder etwas intensiver. Der Rauch darf sich im Schlafzimmer vollkommen verteilen, wodurch der angenehme Duft des Räucherwerks im Raum erhalten bleibt.

RÄUCHERWAREN FÜRS WOHNZIMMER

Durch seinen sommerlich-süßen, frischen und waldigen Geruch wirkt eine Räucherung mit **Lemongras** sehr aktivierend, belebend und anregend und kreiert eine frische Atmosphäre. Lemongras fördert die Heiterkeit, die Gelassenheit und wirkt sich positiv auf das eigene Gemüt aus.

Der Duft der **Rosenblüten** sticht im Vergleich zu anderen Düften, genauso wie ihre Wirkung beim Räuchern, hervor. Sowohl Duft als auch Wirkung der Rose kommen allerlei mögliche mystische, sinnliche und magische Vorstellungen zu. Werden Rosenblüten verräuchert, kommt ein stark blumiger, süßer und sinnlicher Duft auf, der das Herzzentrum stärkt und eine sinnliche und liebevolle Atmosphäre innerhalb des Raumes schafft. Der Duft der Rosenblüten heilt die Dinge, die im Verborgenen schmerzen, und fördert harmonische Stimmungen zwischen den Menschen. Zudem wirkt der Rauch der Rosenblüten erhebend, wärmend und aufhellend.

Der **Salbei**, insbesondere der weiße Salbei, gilt als das Räucherwerk schlechthin. Salbei ist eines der ältesten und gleichzeitig auch bekanntesten Kräuter, die zum Räuchern eingesetzt werden. Aufgrund seiner reinigenden Wirkung wird er nicht nur gern für die Aurareinigung verwendet, sondern kommt vor allem auch bei der Klärung von Räumen und Häusern zum Einsatz. Darüber hinaus löst Salbei Gedanken, Emotionen und Blockaden auf, wirkt konzentrationsfördernd und wehrt negative Einflüsse ab. Das Räuchern von speziell weißem Salbei kann außerdem einen Zugang zu einem höheren Bewusstsein ermöglichen und unseren Geist klären.

Der Zauber des **Lavendels** steckt in seinen Blüten. Seine beruhigende Wirkung ist wissenschaftlich erwiesen. Aus diesem Grund wirkt sich Lavendel auch auf die Psyche und den Schlaf positiv aus. Lavendel reinigt, klärt, belebt, erfrischt, gleicht aus und baut auf. Er bringt Frieden und Sanftmut und sorgt für einen klaren Geist. Außerdem kann Lavendel überschüssige Energie aufnehmen und gleichzeitig neue Energie spenden und beim Loslassen helfen.

Da die **Minze** sehr viele positive Eigenschaften für die Seele, den Körper und den Geist hat, wird sie bei der Räucherung oftmals zur Heilung verwendet. Vor allem zum Räuchern in Räumlichkeiten, in denen entweder Krankheitsfälle vorkommen oder in denen sich viele Menschen aufhalten, wird die Minze aufgrund ihrer desinfizierenden und keimtötenden Wirkung gerne genutzt. Außerdem unterstützt sie nicht nur die Atmungsorgane beim Durchatmen, sondern verbessert auch die körpereigenen Abwehrkräfte. Dadurch, dass sie negative Gedanken vertreibt, macht sie gleichzeitig auch einen klaren Kopf und zieht so positive Erlebnisse an.

Anleitung

1. Vorbereitung und Anzünden der Räucherkohle

Bevor mit dem feinstofflichen Räuchern begonnen wird, sollte das Wohnzimmer unbedingt **gesäubert** und die **Rauchmelder** sollten aus dem Raum entfernt werden. Nehmen Sie sich **Zeit** für die Vorbereitung und stimmen Sie sich ganz bewusst auf das Räuchern ein. Jetzt muss erst einmal die **Räucherkohle** angezündet werden. Die meisten Räucherkohlen, die im Handel erhältlich sind, haben einen **Schnellzünder**. Das bedeutet, dass man die Kohle ganz leicht mit einem **Feuerzeug** anzünden kann. Dafür hält man sie am besten mit einer **Räucherzange** fest, um sich nicht die Finger zu verbrennen. Der Schnellzünder ist natürliches Salpetersalz, das sich dann mit kleinen roten Spritzern sofort durch die gesamte Kohle zieht. Anschließend wird die Räucherkohle in **eine mit Sand befüllte Räucherschale** gelegt. Der Sand hält die Hitze in der Schale und belüftet gleichzeitig auch die Kohle.

Tipp: Jetzt muss sich auf der Räucherkohle erst einmal eine **Ascheschicht** bilden. Das dauert etwa 10 bis 15 Minuten. Die Ascheschicht ist wichtig, damit die Räucherkohle die richtige Temperatur erreicht und sich der Duft und die Wirkung der Räucherstoffe und Räuchermischungen bestmöglich entfalten kann.

2. Reinigen

Sobald die Räucherkohle rundherum eine Ascheschicht gebildet hat, wird **ein reinigender Räucherstoff** – für das Wohnzimmer sind das Lemongras, Rosenblüten, Salbei, Lavendel oder Minze – **auf die Räucherkohle gelegt**. Alle **Fenster und Türen**, die ins Freie führen, sollten nun **geschlossen** sein. Gereinigt wird immer **gegen den Uhrzeigersinn**. Auch Räuchermischungen sind von den Inhaltsstoffen so **aufgebaut. Am besten startet man bei der Wohnzimmertür und geht dann jede** Ecke und jeden Winkel des Raumes ab. Das Räucherwerk darf gerne **richtig rauchen** und der **Rauch sollte aufgehen und im Wohnzimmer stehen**, damit sich alles lösen kann. Falls sich an einigen Stellen im Raum kein Rauch bildet, ist das ein Zeichen dafür, dass die Energie dort besonders stark verdichtet ist. Dann kann man an dieser Stelle so lange stehen bleiben, bis sich ausreichend Rauch gebildet hat und sich die negativen Energien auflösen können. Nachdem der Rauch kurz eingewirkt ist, wird **ausgiebig gelüftet**.

3. Harmonisieren
Jetzt wird **ein zweites Mal geräuchert**. Der zweite Durchgang ist immer etwas entspannter und Sie werden merken, dass Sie sich leichter und freier fühlen. Durch das Lüften im vorherigen Schritt ist nicht nur frische Luft, sondern auch **neue Energie miteingezogen**. Das Lüften und das Loslassen negativer Energien haben jedoch **Unruhe** mitgebracht, die mit dieser Räucherung nun wieder **in Einklang** gebracht wird. Beim Harmonisieren kann, je nach Wetter, auch bei offenem Fenster geräuchert werden. Dabei wird einfach wieder jeder Winkel und jede Ecke ausgeräuchert und so das System beruhigt.

4. Energieaufbau
Um neue Energie aufzubauen, wird ein **drittes Mal geräuchert**. Dafür werden erst einmal wieder **alle Fenster geschlossen**. Dieses Mal laufen Sie das Wohnzimmer **im Uhrzeigersinn** ab. Die Räucherung zum Energieaufbau ist wieder etwas intensiver. Der Rauch darf sich im Wohnzimmer vollkommen verteilen, wodurch der angenehme Duft des Räucherwerks im Raum erhalten bleibt.

RÄUCHERWAREN FÜR DIE KÜCHE

Der Zauber des **Lavendels** steckt in seinen Blüten. Seine beruhigende Wirkung ist wissenschaftlich erwiesen. Aus diesem Grund wirkt sich Lavendel auch auf die Psyche und den Schlaf positiv aus. Lavendel reinigt, klärt, belebt, erfrischt, gleicht aus und baut auf. Er bringt Frieden und Sanftmut und sorgt für einen klaren Geist. Außerdem kann Lavendel überschüssige Energie aufnehmen und gleichzeitig neue Energie spenden und beim Loslassen helfen.

Der **Salbei**, insbesondere der weiße Salbei, gilt als das Räucherwerk schlechthin. Salbei ist eines der ältesten und gleichzeitig auch bekanntesten Kräuter, die zum Räuchern eingesetzt werden. Aufgrund seiner reinigenden Wirkung wird er nicht nur gern für die Aurareinigung verwendet, sondern kommt vor allem auch bei der Klärung von Räumen und Häusern zum Einsatz. Darüber hinaus löst Salbei Gedanken, Emotionen und Blockaden auf, wirkt konzentrationsfördernd und wehrt negative Einflüsse ab. Das Räuchern von speziell weißem Salbei kann außerdem einen Zugang zu einem höheren Bewusstsein ermöglichen und unseren Geist klären.

Anleitung

1. Vorbereitung und Anzünden der Räucherkohle

Bevor mit dem feinstofflichen Räuchern begonnen wird, sollte die Küche unbedingt **gesäubert** und die **Rauchmelder** sollten aus dem Raum entfernt werden. Nehmen Sie sich **Zeit** für die Vorbereitung und stimmen Sie sich ganz bewusst auf das Räuchern ein.

Jetzt muss erst einmal die **Räucherkohle** angezündet werden. Die meisten Räucherkohlen, die im Handel erhältlich sind, haben einen **Schnellzünder**. Das bedeutet, dass man die Kohle ganz leicht mit einem **Feuerzeug** anzünden kann. Dafür hält man sie am besten mit einer **Räucherzange** fest, um sich nicht die Finger zu verbrennen. Der Schnellzünder ist natürliches Salpetersalz, das sich dann mit kleinen roten Spritzern sofort durch die gesamte Kohle zieht. Anschließend wird die Räucherkohle in **eine mit Sand befüllte Räucherschale** gelegt. Der Sand hält die Hitze in der Schale und belüftet gleichzeitig auch die Kohle.

Tipp: Jetzt muss sich auf der Räucherkohle erst einmal eine **Ascheschicht** bilden. Das dauert etwa 10 bis 15 Minuten. Die Ascheschicht ist wichtig, damit die Räucherkohle die richtige Temperatur erreicht und sich der Duft und die Wirkung der Räucherstoffe und Räuchermischungen bestmöglich entfalten kann.

2. Reinigen

Sobald die Räucherkohle rundherum eine Ascheschicht gebildet hat, wird **ein reinigender Räucherstoff** – für die Küche Lavendel oder Salbei – **auf die Räucherkohle gelegt**. Alle **Fenster und Türen**, die ins Freie führen, sollten nun **geschlossen** sein. Gereinigt wird immer **gegen den Uhrzeigersinn**. Auch Räuchermischungen sind von den Inhaltsstoffen so **aufgebaut. Am besten startet man bei der Küchentür und geht dann jede** Ecke und jeden Winkel des Raumes ab. Das Räucherwerk darf gerne **richtig rauchen** und der **Rauch sollte aufgehen und in der Küche stehen**, damit sich alles lösen kann. Falls sich an einigen Stellen im Raum kein Rauch bildet, ist das ein Zeichen dafür, dass die Energie dort besonders stark verdichtet ist. Dann kann man an dieser Stelle so lange stehen bleiben, bis sich ausreichend Rauch gebildet hat und sich die negativen Energien auflösen können. Nachdem der Rauch kurz eingewirkt ist, wird **ausgiebig gelüftet**.

3. Harmonisieren

Jetzt wird **ein zweites Mal geräuchert**. Der zweite Durchgang ist immer etwas entspannter und Sie werden merken, dass Sie sich leichter und freier fühlen.

Durch das Lüften im vorherigen Schritt ist nicht nur frische Luft, sondern auch **neue Energie miteingezogen**. Das Lüften und das Loslassen negativer Energien haben jedoch **Unruhe** mitgebracht, die mit dieser Räucherung nun wieder **in Einklang** gebracht wird. Beim Harmonisieren kann, je nach Wetter, auch bei offenem Fenster geräuchert werden. Dabei wird einfach wieder jeder Winkel und jede Ecke ausgeräuchert und so das System beruhigt.

4. Energieaufbau

Um neue Energie aufzubauen, wird ein **drittes Mal geräuchert**. Dafür werden erst einmal wieder **alle Fenster geschlossen**. Dieses Mal laufen Sie die Küche **im Uhrzeigersinn** ab. Die Räucherung zum Energieaufbau ist wieder etwas intensiver. Der Rauch darf sich in der Küche vollkommen verteilen, wodurch der angenehme Duft des Räucherwerks im Raum erhalten bleibt.

RÄUCHERWAREN FÜRS BÜRO

Der Rauch des **Jasmins** verbreitet einen sinnlichen und lieblich-warmen Duft, der eine leicht honigartige Note hat. Jasminblüten wirken beruhigend, stärkend und aphrodisierend und helfen besonders bei Stress, Erschöpfung und Niedergeschlagenheit. Auf der anderen Seite ist Jasmin sehr sinnlich, fördert den Optimismus und schenkt Fröhlichkeit.

Sandelholz stimuliert mit seinem holzigen und würzigen Duft die Sinne und schafft eine Atmosphäre der Ruhe, der Geborgenheit und des Friedens. Der angenehme Rauch des Sandelholz spendet Ausgelassenheit und Entspannung und ist dadurch wie Balsam für die Seele. Durch seinen stimulierenden Duft löst er Schmerzen, Ängste und Sorgen in Luft auf und hilft, neue Kraft zu tanken, wieder in seine eigene innere Mitte zu gelangen und sich dem Fluss des Lebens hinzugeben. Die Räucherung von Sandelholz beruhigt, befreit uns von negativen Einflüssen und bringt uns gedanklich in eine ganz andere Welt. Aufgrund seiner spirituellen Wirkung wird Sandelholz in verschiedenen Bereichen genutzt.

Traditionell galt **Rosmarin** in der Antike als Symbol für Schönheit und Liebe und auf Seereisen war es als Schutzkraut angesehen. Sein Rauch duftet krautig und leicht würzig und seine Wirkung ist reinigend und desinfizierend. Zudem unterstützt der Rosmarin bei Veränderung und fördert bei der Trauerarbeit das Loslassen. Er klärt den Geist, steigert die Konzentrationsfähigkeit, stärkt das Gedächtnis, spendet Glück und Trost und wirkt bei Niedergeschlagenheit und Erschöpfung anregend. Darüber hinaus stärkt Rosmarin das Selbstvertrauen und spendet Zufriedenheit und Ruhe.

Der Zauber des **Lavendels** steckt in seinen Blüten. Seine beruhigende Wirkung ist wissenschaftlich erwiesen. Aus diesem Grund wirkt sich Lavendel auch auf die Psyche und den Schlaf positiv aus. Lavendel reinigt, klärt, belebt, erfrischt, gleicht aus und baut auf. Er bringt Frieden und Sanftmut und sorgt für einen klaren Geist. Außerdem kann Lavendel überschüssige Energie aufnehmen und gleichzeitig neue Energie spenden und beim Loslassen helfen.

Anleitung

1. Vorbereitung und Anzünden der Räucherkohle

Bevor mit dem feinstofflichen Räuchern begonnen wird, sollte das Büro unbedingt **gesäubert** und die **Rauchmelder** sollten aus dem Raum entfernt werden. Nehmen Sie sich **Zeit** für die Vorbereitung und stimmen Sie sich ganz bewusst auf das Räuchern ein.

Jetzt muss erst einmal die **Räucherkohle** angezündet werden. Die meisten Räucherkohlen, die im Handel erhältlich sind, haben einen **Schnellzünder**. Das bedeutet, dass man die Kohle ganz leicht mit einem **Feuerzeug** anzünden kann. Dafür hält man sie am besten mit einer **Räucherzange** fest, um sich nicht die Finger zu verbrennen. Der Schnellzünder ist natürliches Salpetersalz, das sich dann mit kleinen roten Spritzern sofort durch die gesamte Kohle zieht. Anschließend wird die Räucherkohle in **eine mit Sand befüllte Räucherschale** gelegt. Der Sand hält die Hitze in der Schale und belüftet gleichzeitig auch die Kohle.

Tipp: Jetzt muss sich auf der Räucherkohle erst einmal eine **Ascheschicht** bilden. Das dauert etwa 10 bis 15 Minuten. Die Ascheschicht ist wichtig, damit die Räucherkohle die richtige Temperatur erreicht und sich der Duft und die Wirkung der Räucherstoffe und Räuchermischungen bestmöglich entfalten kann.

2. Reinigen

Sobald die Räucherkohle rundherum eine Ascheschicht gebildet hat, wird **ein reinigender Räucherstoff** – für das Büro sind das Jasmin, Sandelholz, Rosmarin oder Lavendel – **auf die Räucherkohle gelegt**. Alle **Fenster und Türen**, die ins Freie führen, sollten nun **geschlossen** sein. Gereinigt wird immer **gegen den Uhrzeigersinn**. Auch Räuchermischungen sind von den Inhaltsstoffen so **aufgebaut. Am besten startet man bei der Bürotür und geht dann jede** Ecke und jeden Winkel des Raumes ab. Das Räucherwerk darf gerne **richtig rauchen** und der **Rauch sollte aufgehen und im Büro stehen**, damit sich alles lösen kann. Falls sich an einigen Stellen im Raum kein Rauch bildet, ist das ein Zeichen dafür, dass die Energie dort besonders stark verdichtet ist. Dann kann man an dieser Stelle so lange stehen bleiben, bis sich ausreichend Rauch gebildet hat und sich die negativen Energien auflösen können. Nachdem der Rauch kurz eingewirkt ist, wird **ausgiebig gelüftet**.

3. Harmonisieren

Jetzt wird **ein zweites Mal geräuchert**. Der zweite Durchgang ist immer etwas entspannter und Sie werden merken, dass Sie sich leichter und freier fühlen.

Durch das Lüften im vorherigen Schritt ist nicht nur frische Luft, sondern auch **neue Energie miteingezogen**. Das Lüften und das Loslassen negativer Energien haben jedoch **Unruhe** mitgebracht, die mit dieser Räucherung nun wieder **in Einklang** gebracht wird. Beim Harmonisieren kann, je nach Wetter, auch bei offenem Fenster geräuchert werden. Dabei wird einfach wieder jeder Winkel und jede Ecke ausgeräuchert und so das System beruhigt.

4. Energieaufbau

Um neue Energie aufzubauen, wird ein **drittes Mal geräuchert**. Dafür werden erst einmal wieder **alle Fenster geschlossen**. Dieses Mal laufen Sie das Büro **im Uhrzeigersinn** ab. Die Räucherung zum Energieaufbau ist wieder etwas intensiver. Der Rauch darf sich im Büro vollkommen verteilen, wodurch der angenehme Duft des Räucherwerks im Raum erhalten bleibt.

RÄUCHERWAREN FÜR WENIG BENUTZTE RÄUME WIE KELLER/DACHBODEN

Beim Räuchern entwickeln **Tannennadeln** einen intensiven balsamischen Duft, der an Harz und Nadelwälder erinnert. Menschen verehren Tannenbäume bereits seit der Steinzeit als Lebens- bzw. Schutzbaum und nutzen vor allem die honiggelben klaren Harze in protektiven Reinigungsräucherungen. Außerdem wurden Tannen zur Zeit der Germanen verehrt und galten als Wohnsitz der Götter und auch im Christentum symbolisiert der Tannenbaum seit jeher Leben und Licht. Tannennadeln wirken stärkend, belebend, euphorisierend und reinigend. Sie vertreiben schlechte Energie und harmonisieren gleichzeitig die Raumschwingungen.

Die immergrüne **Fichte** ist Ausdruck von Unendlichkeit und Hoffnung. Ihr Duft hilft beim Heilen alter Wunden, Zukunftsängsten und Selbstzweifeln. Sie bringt Geborgenheit, innere Ruhe, Ausgeglichenheit und Klarheit ins eigene Zuhause. In ihrem Wesen sind Fichten sehr mütterlich und sie verbinden unsere Welt mit der geistigen. Fichten sind uralte Schutzbäume, die uns wieder auf den richtigen Weg bringen, wenn wir uns mal verirrt haben sollten. Während des Räucherns wirkt ihr Duft euphorisierend, kräftigend, reinigend, aufbauend und belebend. Wird Fichtenharz zum Ausräuchern im Haus verwendet, kann es den Effekt haben, Dinge, die in einem alten Haus ganz lange Zeit nicht zur Sprache kamen und stattdessen unter den Tisch gekehrt wurden, wieder an die Oberfläche zu holen, damit diese gelöst und geheilt werden können. Zudem unterstützt die Fichte dabei, alte Verstrickungen zu lösen, welche aus bereits vergangenen Generationen immer noch bis heute nachwirken.

Die **Kiefer** ist, aufgrund ihres Samenreichtums, ein Sinnbild für Reichtum und Fruchtbarkeit. Bei den Germanen war die Kiefer ein Symbol für ein langes Leben, Ausdauer und Unsterblichkeit, da sie den Baum als Quelle für Licht, Holz und Räucherwerk nutzten. Die Kelten verehrten die Kiefer hingegen als Feuerbaum und in China ist die Kiefer Ausdruck von Selbstzucht und Beständigkeit. Der Rauch der Kiefer hat eine harmonisierende, aufbauende, klärende, entspannende, reinigende und stärkende Wirkung auf den Geist und den Körper.

Anleitung

1. Vorbereitung und Anzünden der Räucherkohle

Bevor mit dem feinstofflichen Räuchern begonnen wird, sollte der Keller bzw. der Dachboden unbedingt **gesäubert** und die **Rauchmelder** sollten aus dem Raum entfernt werden. Nehmen Sie sich **Zeit** für die Vorbereitung und stimmen Sie sich ganz bewusst auf das Räuchern ein.

Jetzt muss erst einmal die **Räucherkohle** angezündet werden. Die meisten Räucherkohlen, die im Handel erhältlich sind, haben einen **Schnellzünder**. Das bedeutet, dass man die Kohle ganz leicht mit einem **Feuerzeug** anzünden kann. Dafür hält man sie am besten mit einer **Räucherzange** fest, um sich nicht die Finger zu verbrennen. Der Schnellzünder ist natürliches Salpetersalz, das sich dann mit kleinen roten Spritzern sofort durch die gesamte Kohle zieht. Anschließend wird die Räucherkohle in **eine mit Sand befüllte Räucherschale** gelegt. Der Sand hält die Hitze in der Schale und belüftet gleichzeitig auch die Kohle.

Tipp: Jetzt muss sich auf der Räucherkohle erst einmal eine **Ascheschicht** bilden. Das dauert etwa 10 bis 15 Minuten. Die Ascheschicht ist wichtig, damit die Räucherkohle die richtige Temperatur erreicht und sich der Duft und die Wirkung der Räucherstoffe und Räuchermischungen bestmöglich entfalten kann.

2. Reinigen

Sobald die Räucherkohle rundherum eine Ascheschicht gebildet hat, wird **ein reinigender Räucherstoff** – für den Keller und den Dachboden sind das Tannennadeln, Fichte oder Kiefer – **auf die Räucherkohle gelegt**. Alle **Fenster und Türen**, die ins Freie führen, sollten nun **geschlossen** sein. Gereinigt wird immer **gegen den Uhrzeigersinn**. Auch Räuchermischungen sind von den Inhaltsstoffen so **aufgebaut. Am besten startet man bei der Eingangstür des Kellers bzw. des Dachbodens und geht dann jede** Ecke und jeden Winkel des Raumes ab. Das Räucherwerk darf gerne **richtig rauchen** und der **Rauch sollte aufgehen und im Keller bzw. im Dachboden stehen**, damit sich alles lösen kann. Falls sich an einigen Stellen im Raum kein Rauch bildet, ist das ein Zeichen dafür, dass die Energie dort besonders stark verdichtet ist. Dann kann man an dieser Stelle so lange stehen bleiben, bis sich ausreichend Rauch gebildet hat und sich die negativen Energien auflösen können. Nachdem der Rauch kurz eingewirkt ist, wird **ausgiebig gelüftet**.

3. Harmonisieren

Jetzt wird **ein zweites Mal geräuchert**. Der zweite Durchgang ist immer etwas entspannter und Sie werden merken, dass Sie sich leichter und freier fühlen.

Durch das Lüften im vorherigen Schritt ist nicht nur frische Luft, sondern auch **neue Energie miteingezogen**. Das Lüften und das Loslassen negativer Energien haben jedoch **Unruhe** mitgebracht, die mit dieser Räucherung nun wieder **in Einklang** gebracht wird. Beim Harmonisieren kann, je nach Wetter, auch bei offenem Fenster geräuchert werden. Dabei wird einfach wieder jeder Winkel und jede Ecke ausgeräuchert und so das System beruhigt.

4. Energieaufbau

Um neue Energie aufzubauen, wird ein **drittes Mal geräuchert**. Dafür werden erst einmal wieder **alle Fenster geschlossen**. Dieses Mal laufen Sie den Keller bzw. den Dachboden **im Uhrzeigersinn** ab. Die Räucherung zum Energieaufbau ist wieder etwas intensiver. Der Rauch darf sich im Zimmer vollkommen verteilen, wodurch der angenehme Duft des Räucherwerks im Raum erhalten bleibt.

RÄUCHERWAREN FÜR DEN EINGANGSBEREICH

Schwarzkümmel verströmt einen ganz besonderen und einzigartigen Duft, der dabei unterstützt, die eigenen Grenzen zu stabilisieren und zu kräftigen. Der Zauber des Schwarzkümmels liegt darin, dass er eine gesunde Distanz zur Außenwelt schafft und entkrampfend und erwärmend wirkt.

Der **Salbei**, insbesondere der weiße Salbei, gilt als das Räucherwerk schlechthin. Salbei ist eines der ältesten und gleichzeitig auch bekanntesten Kräuter, die zum Räuchern eingesetzt werden. Aufgrund seiner reinigenden Wirkung wird er nicht nur gern für die Aurareinigung verwendet, sondern kommt vor allem auch bei der Klärung von Räumen und Häusern zum Einsatz. Darüber hinaus löst Salbei Gedanken, Emotionen und Blockaden auf, wirkt konzentrationsfördernd und wehrt negative Einflüsse ab. Das Räuchern von speziell weißem Salbei kann außerdem einen Zugang zu einem höheren Bewusstsein ermöglichen und unseren Geist klären.

Anleitung

1. Vorbereitung und Anzünden der Räucherkohle

Bevor mit dem feinstofflichen Räuchern begonnen wird, sollte der Eingangsbereich unbedingt **gesäubert** und die **Rauchmelder** sollten aus dem Raum entfernt werden. Nehmen Sie sich **Zeit** für die Vorbereitung und stimmen Sie sich ganz bewusst auf das Räuchern ein.

Jetzt muss erst einmal die **Räucherkohle** angezündet werden. Die meisten Räucherkohlen, die im Handel erhältlich sind, haben einen **Schnellzünder**. Das bedeutet, dass man die Kohle ganz leicht mit einem **Feuerzeug** anzünden kann. Dafür hält man sie am besten mit einer **Räucherzange** fest, um sich nicht die Finger zu verbrennen. Der Schnellzünder ist natürliches Salpetersalz, das sich dann mit kleinen roten Spritzern sofort durch die gesamte Kohle zieht. Anschließend wird die Räucherkohle in **eine mit Sand befüllte Räucherschale** gelegt. Der Sand hält die Hitze in der Schale und belüftet gleichzeitig auch die Kohle.

Tipp: Jetzt muss sich auf der Räucherkohle erst einmal eine **Ascheschicht** bilden. Das dauert etwa 10 bis 15 Minuten. Die Ascheschicht ist wichtig, damit die Räucherkohle die richtige Temperatur erreicht und sich der Duft und die Wirkung der Räucherstoffe und Räuchermischungen bestmöglich entfalten kann.

2. Reinigen

Sobald die Räucherkohle rundherum eine Ascheschicht gebildet hat, wird **ein reinigender Räucherstoff** – für den Eingangsbereich sind das Schwarzkümmel oder Salbei – **auf die Räucherkohle gelegt**. Alle **Fenster und Türen**, die ins Freie führen, sollten nun **geschlossen** sein. Gereinigt wird immer **gegen den Uhrzeigersinn**. Auch Räuchermischungen sind von den Inhaltsstoffen so **aufgebaut. Am besten startet man bei der Tür des Eingangsbereiches und geht dann jede** Ecke und jeden Winkel des Raumes ab. Das Räucherwerk darf gerne **richtig rauchen** und der **Rauch sollte aufgehen und im Eingangsbereich stehen**, damit sich alles lösen kann. Falls sich an einigen Stellen im Raum kein Rauch bildet, ist das ein Zeichen dafür, dass die Energie dort besonders stark verdichtet ist. Dann kann man an dieser Stelle so lange stehen bleiben, bis sich ausreichend Rauch gebildet hat und sich die negativen Energien auflösen können. Nachdem der Rauch kurz eingewirkt ist, wird **ausgiebig gelüftet**.

3. Harmonisieren

Jetzt wird **ein zweites Mal geräuchert**. Der zweite Durchgang ist immer etwas entspannter und Sie werden merken, dass Sie sich leichter und freier fühlen.

Durch das Lüften im vorherigen Schritt ist nicht nur frische Luft, sondern auch **neue Energie miteingezogen**. Das Lüften und das Loslassen negativer Energien haben jedoch **Unruhe** mitgebracht, die mit dieser Räucherung nun wieder **in Einklang** gebracht wird. Beim Harmonisieren kann, je nach Wetter, auch bei offenem Fenster geräuchert werden. Dabei wird einfach wieder jeder Winkel und jede Ecke ausgeräuchert und so das System beruhigt.

4. Energieaufbau

Um neue Energie aufzubauen, wird ein **drittes Mal geräuchert**. Dafür werden erst einmal wieder **alle Fenster geschlossen**. Dieses Mal laufen Sie den Eingangsbereich **im Uhrzeigersinn** ab. Die Räucherung zum Energieaufbau ist wieder etwas intensiver. Der Rauch darf sich im Zimmer vollkommen verteilen, wodurch der angenehme Duft des Räucherwerks im Raum erhalten bleibt.

Energetische Reinigungen im Alltag

HAUSREINIGUNG

Das Ziel der energetischen Hausreinigung, die auch **Space Clearing** genannt wird, ist es, Energien umzuwandeln. Wir selbst bestehen bis zum kleinsten Teil aus Energie und sind ständig von Energien umgeben. Selbst unsere Gedanken und Gefühle sind nichts anderes als Energien und Taten, Gefühle und Gedanken erzeugen immer wieder neue Energien.

Streitet man sich zu Hause mit seinem*r Partner*in und kommt später zurück in die Wohnung bzw. das Haus, kann man den Streit immer noch spüren. Es ist aber nicht nur die Erinnerung daran, sondern Gedanken und Worte, die man denkt oder spricht, verteilen sich tatsächlich wie ein düsterer Nebel in der gesamten Wohnung bzw. dem Haus. Man kann die Spannungen in der Luft förmlich spüren, denn jede Handlung, jedes Wort, jeder Gedanke und jedes Gefühl erzeugt einen energetischen Abdruck. Und dieser Abdruck hinterlässt seine Spuren – im Haus, in der Aura oder im Körper.

Gedanken und Gefühle sind nicht einfach nur in einem, sondern strahlen weitere Gedanken und Gefühle, aber auch Taten und Worte aus, die an die Menschen im eigenen Umfeld und auch in die Wohnung bzw.

in das Haus abgegeben werden. Genauso wie jeder Mensch ein Informationsfeld –eine Aura – besitzt, besitzt auch die eigene Wohnung bzw. das eigene Haus ein solches Feld. Dieses wurde aber nicht nur von einem selbst, sondern auch von den Vormietern*innen und all den Dingen, die dort geschehen sind, geschaffen. Dabei spielt es keine Rolle, ob das letzte Woche oder vor 100 Jahren war.

Je stärker Gefühle und Emotionen gelebt wurden, umso intensiver füllen diese die Aura des eigenen Zuhauses mit ihren jeweiligen Energien. Da man selbst dort wohnt, steht man auch mit dieser Aura in Kontakt. Die Energien innerhalb dieser Aura kommunizieren und durchdringen einen. Manchmal sind sie die Ursache dafür, dass wir nicht schlafen können oder Albträume haben.

Die energetische Hausreinigung wandelt diese bestehenden Energien um, doch Energien können nur dann gewandelt werden, wenn positive oder gegenteilige Energien kreiert werden. Dafür müssen die Wohnräume von schweren, negativen und belastenden Schwingungen befreit und von erdgebundenen Seelen abgelöst werden. Besonders nach stark belastenden Lebenssituation, wie einer Trennung, einer schweren Krankheit oder nach einem Tod, müssen die Energiestrukturen im Haus bzw. der Wohnung geklärt werden. Erst dann kann ein positives und von Licht gefülltes Lebensumfeld entstehen.

Unser Zuhause kann ein Ort der Zuflucht für erdgebundene Seelen sein. Manchmal hat man das Gefühl, dass man zu Hause nicht allein ist, man fühlt sich beobachtet oder denkt, dass einem etwas im Nacken sitzt. All das können Anzeichen dafür sein, dass eine energetische Hausreinigung notwendig ist.

Bei einer energetischen Hausreinigung werden die einzelnen Räume von fremder Energie gesäubert. Schwere Energien können durch verschiedene Techniken transformiert oder sogar aufgelöst werden. Mit Hilfe der geistigen Welt und mit der Berücksichtigung der karmischen Gesetze können erdgebundene Seelen ins Licht geführt werden. Die Wohnräume werden mit Licht, Kraft und Energie gefüllt, sodass man sich selbst innerhalb der Räumlichkeiten mit positiver Lebensenergie füllen kann.

All das erzeugt man, indem man selbst Energien erzeugt, die eine höhere Schwingung haben als die Energien, die bereits vorhanden sind. Dafür führt man Gedanken und Emotionen herbei, die gegenteilig zu der bereits vorhandenen Information sind. Hat man lange Zeit Angst und ist diese Energie in der Wohnung bzw. dem Haus spürbar, kann man diese Angstenergie durch die Energie des Vertrauens wandeln. Stellen wir uns eine Skala vor, auf der sich am unteren Ende Emotionen wie Angst, Trauer, Wut und Zorn wiederfinden, dann sind am oberen Ende Gefühle wie Harmonie, Vertrauen und Freude angesiedelt. Ganz oben auf der Skala findet sich reines, weißes Licht wieder – die göttliche Energie. Mit Hilfe dieser göttlichen Energie können wir die niedrigen Energien umwandeln und die Schwingungen praktisch nach oben ziehen.

Wenn es dunkel ist und wir das Licht anmachen, verschwindet die Dunkelheit sofort, denn lichtvolle Energie hat die Macht, dunkle Energie umzuwandeln. Demnach ist jeder Mensch in der Lage, jegliche Art von Energie zu wandeln, die ihm nicht dient. Leider vergessen wir das sehr oft oder haben es sogar verlernt.

Die Kraft, die man benötigt, um ein Energiefeld zu wandeln, erzeugt man auf einem rein geistigen Weg. Deshalb gibt es bei der energetischen Hausreinigung Hilfsmittel, die sich reinigend auf das gegebene Informationsfeld auswirken. Diese Hilfsmittel können zum Beispiel Pflanzenkräfte in Räuchermischungen, die vier Elemente Wasser (Weihwasser), Feuer (Kerze), Luft (Rauch) und Erde (Salz), Kraft-Symbole (das OM, Reiki-Symbole, Engel-Symbole), Gebete oder Klänge von Klangschalen oder Trommeln sein. All diese Hilfsmittel nehmen Einfluss auf das Informationsfeld der Wohnung bzw. des Hauses. Auch das dankbar Sein für sein eigenes Leben, sein Haus bzw. seine Wohnung und die Mitmenschen während der Reinigung intensivieren die Wirkung der Räucherung.

Anleitung

Das energetische Reinigen von Häusern, Wohnungen oder Räumen wird am besten in mehreren aufeinanderfolgenden Schritten durchgeführt.

Als Erstes sollten **die Räume sorgfältig gelüftet** und alle **Fenster weit geöffnet** werden. Licht und Luft können bereits sehr viel Negatives entsorgen und eine kraftvolle Wirkung haben.

Im zweiten Schritt wird in allen Ecken jeden Raumes möglichst **naturbelassenes Salz** verstreut und mindestens für eine Nacht dort liegen gelassen. Nur den Raum, in dem man schläft, sollte man **tagsüber** behandeln.

Anschließend wird mit der Räucherung begonnen. Dabei ist es unwichtig, welche Räuchermethode verwendet wird, solange sie einen persönlich anspricht.

Als Räucherwerk eignen sich Salbei, Beifuß, Lorbeerblätter, Rosmarin oder Sandelholz besonders gut. Wichtig ist, dass man die verwendeten Kräuter und Harze selbst gut riechen kann.

Alle **Schränke und Kästen** werden so weit wie möglich geöffnet, damit man nachverfolgen kann, wie der Rauch in jede Ecke gelangt.

Nun geht man **entgegen dem Uhrzeigersinn** durch die Wohnung bzw. das Haus und stellt sich vor, wie der Rauch alle negativen Energien absorbiert.

Anschließend kann man sich noch für die reinigenden Kräfte, die zur Hilfe gekommen sind, **bedanken** und **die neuen, positiven Energien willkommen heißen**.

Zum Abschluss der Hausreinigung kann man die positiven Energien **versiegeln**. Dafür stellt man sich vor, wie die eigene Wohnung bzw. das eigene Haus in Licht eingehüllt ist. Dann visualisiert man eine goldene Kugel, die die Wohnung bzw. das Haus wie ein Schutzschild umschließt.

Wenn möglich, kann man die einzelnen Räume auch noch mit **Pflanzen** füllen, denn diese sorgen für eine bessere Energiebilanz. Diese stellt man dann einfach im Raum auf. Am besten eignen sich hierfür **Kakteen.**

In einigen Fällen ist es auch sinnvoll, die Möbel nach den Grundsätzen des **Feng Shui** zu stellen, damit die negativen Energien den Raum leichter verlassen können und neue und positive Schwingungen entstehen.

Zum Abschluss können die einzelnen Räume noch für den **Neuanfang** geöffnet werden. Dafür werden alle Fenster geschlossen und es wird noch einmal mit Lichtkräutern wie **Styrax, Lavendel oder Rosmarin** geräuchert.

Während man die gesamte Wohnung bzw. das Haus erneut abläuft, wünscht man sich **Gesundheit, Liebe, Frieden und Harmonie.** Gerne können auch die einzelnen Familienmitglieder gesegnet werden oder Gebete bzw. Mantras gesprochen werden.

„Danke Mutter Erde, dass du die dunklen Energien in unserem Zuhause veredelt hast, und danke für die schönen Kräuter und Harze, die du uns zur Verfügung stellst. Unser Zuhause ist nun gereinigt und positive Energien sind eingezogen."

Optional kann eine energetische Hausreinigung natürlich auch von einem*r professionellen Anbieter*in durchgeführt werden.

NEGATIVE SCHWINGUNGEN LÖSEN

Durch unsere Aura, von der wir ständig umgeben sind, interagieren wir mit den Menschen in unserem Umfeld und der Umwelt nicht nur auf eine physische Art und Weise, sondern auch auf einer energetischen Ebene. Auf der Gefühlsebene nehmen wir den Unterschied zwischen einer hohen und einer niedrigen bzw. zwischen positiver und negativer Energie in der Regel sehr leicht wahr. Gehen Dinge im Leben schief oder sind wir überreizt, überlastet und müde, geben wir häufig den anderen Menschen oder den äußeren Umständen die Schuld dafür, obwohl das meistens etwas mit uns selbst zu tun hat.

Denken wir negativ, sinkt unsere persönliche Schwingung automatisch und wir nehmen die niedrigen Frequenzen in unserer Umgebung sofort wahr. Welche Energien wir mit unserem Umfeld austauschen, liegt somit in unserer eigenen Verantwortung.

Räuchermischung zum Reinigen von negativen Schwingungen I:

3 Teile Wacholderbeeren
1 Teil Wacholderspitzen
1 Teil Fichten- oder Piniennadeln
1 Teil Weihrauch-Harz

Räuchermischung zum Reinigen von negativen Schwingungen II:

2 ½ Teile Kampfer
2 Teile Weihrauch
1 ½ Teile Myrtenblätter
1 bis 1 ½ Teile Wacholderbeeren
1 Teil Myrrhe
1 Teil Rosmarin
1 Teil Bernstein
1 Teil Beifuß
1 Teil Lorbeer
½ Teil Angelikawurzel
½ Teil Nelkenpulver

Räuchermischung zum Reinigen von negativen Schwingungen III: zu gleichen Teilen:
Palo Santo (Holz) Guayak (Holz) Copal (Harz)

Bei allen aufgeführten Räuchermischungen zum Lösen von negativen Schwingungen werden im ersten Schritt alle Räucherstoffe mit einem Mörser und einem Stößel zu einem Pulver gemahlen. Im Anschluss kann die fertige Räuchermischung dann auf einer Räucherkohle verräuchert werden. Alternativ gibt es auch viele bereits fertige Räuchermischungen gegen negative Energien im Handel zu kaufen.

REINIGUNG FÜR KONZENTRATION & FOKUS

Durchlebt man mal wieder einen Tag des Grübelns und der Zerstreuung, an dem es nicht gelingt, die Konzentration und den Fokus auf das Wesentliche zu richten, kann das Räuchern eine neue und klärende Atmosphäre schaffen. Geistige Klarheit ist notwendig, um alle Herausforderungen des täglichen Alltags zu bewältigen und sich nicht in komplizierten Gedankenstrukturen zu verzetteln. Durch geistige Klarheit richtet sich der eigene Fokus auf das Wesentliche. Man weiß genau, was man will, und verliert diese Absicht auch nicht mehr aus den Augen.

Mit der Hilfe von Konzentration, Fokus, Tatenkraft und Willenskraft gelingt es, die persönlichen Ziele zu erreichen, ohne sich konstant ablenken zu lassen, sich ständig über alles Sorgen zu machen oder alles auf einmal erledigen zu wollen. Geistige Klarheit unterstützt dabei, im eigenen Leben die richtigen Prioritäten zu setzen und Wichtiges von Unwichtigem zu trennen.

Das Räuchern setzt, an Tagen wie diesen, neue Energie frei und zaubert eine Atmosphäre der Konzentration und des Fokus. Es gibt verschiedene Räucherstoffe und Mischungen, die sich zur Reinigung für mehr Konzentration und Fokus eignen. Vor allem bei Räuchermischungen kann man sehr intuitiv arbeiten und muss sich nicht genau an die Vorgaben halten, sondern kann all die Kräuter wählen, die einen persönlich ansprechen.

Räuchermischung für mehr Konzentration & Fokus:

1 Teil Pfefferminze
1 Teil Ringelblumenblüten
1 Teil Zitronenmelisse
1 Teil Birkenblätter
½ Teil Wacholderbeeren
½ Teil Rosmarin
1/4 Teil Fichtenharz

Die Mischung eignet sich sehr gut für ein Räucherstövchen. Das Fichtenharz kann alternativ auch komplett weggelassen werden, damit das Sieb nicht so schnell verklebt.

Am besten zerkleinert man die Blüten sowie die Blätter leicht, vermischt alles miteinander und gibt alle Zutaten in ein gut verschließbares Glas. Zum Räuchern werden dann, je nach Größe des Räucherstövchens, 1-2 TL der Räuchermischung in einen Mörser gegeben, kurz angedrückt und anschließend auf dem Räuchersieb verteilt, wodurch der erfrischende Duft genossen werden kann.

Weitere geeignete Räucherstoffe: Fichte, Orange, Lavendel, Kampfer, Sandelholz, Rosmarin, Minze, Zitrone, Salbei, Lorbeer, Thymian, Zeder, Copal, Gewürznelke, Weihrauch, Wacholder, Dammar

Zusätzliche Räuchervorschläge:
½ TL Minze mit einer Prise Thymian und Rosmarin
½ TL Zedernholz mit Wacholderbeeren verfeinert
jeweils ½ TL Salbei, Sandelholz, Thymian und Rosmarin
einige Fichtennadeln gemeinsam mit einem Lorbeerblatt und einer Scheibe Orange in einer Aromalampe räuchern
eine Scheibe Zitrone gemeinsam mit einer Prise Minze und frischen Lavendelblüten in einer Aromalampe räuchern
Weihrauch pur

Außerdem kann die Räucherreinigung durch ein Ritual und eine Affirmation begleitet werden. Während des Räucherns begibt man sich in einen aufrechten Sitz, hält sich mit einer Hand ein Nasenloch zu und atmet durch das freie Nasenloch ganz tief ein und langsam wieder aus. Nach einer Minute wechselt man dann die Seite. Durch diese Atemübung wird dem Gehirn ausreichend Sauerstoff zugeführt und dadurch für Klarheit und geistige Frische gesorgt. Währenddessen können ausgewählte Affirmationen das Räucherritual begleiten, wie zum Beispiel:

„Ich weiß genau, was ich will, und spüre die Konzentration und den Fokus in mir. Mein Geist ist offen gegenüber Neuem. Ich nehme einen Schritt nach dem anderen. Dabei kann mich niemand hetzen oder ausbremsen. Ich allein bestimme mein Tempo. Ich fokussiere mich auf die wesentlichen Dinge im Leben und handle stets mit der besten Intuition – für mich und für andere."

EINEN NEUBEGINN EINLÄUTEN

Ein Neubeginn ist nicht immer einfach, auch wenn man sich diesen von ganzem Herzen wünscht. Mit einem Neubeginn gehen auch immer Veränderungen einher und das Unbekannte und Ungewisse in Momenten der Veränderung lassen immer mal wieder Zweifel aufkommen. Die Stimme in Ihnen, die so sehr an Routine und Sicherheit gewöhnt ist, wird langsam immer lauter und lauter. Doch trotz all der Bedenken und Unsicherheiten lohnt es sich, Neues zu wagen, mutig zu sein, Träume wahr werden zu lassen und das Leben zu kreieren, bei dem man am Ende seiner Tage denkt, dass es ein tolles Leben war.

Neuanfänge können beängstigend sein, denn einem Neubeginn geht immer auch ein Loslassen voraus. Im Leben der Menschen ist das Loslassen zwar eine der schwierigsten Herausforderungen, wenngleich es doch auch sehr heilsam ist. Damit es einen Neubeginn geben kann, darf die Vergangenheit nicht mehr allgegenwärtig sein und Gedanken und tägliche Handlungen dürfen nicht mehr allzu stark schmerzen.

Das Leben besteht aus vielen Schwingungen und ist somit ständig in Bewegung. Hält man zu sehr an der Vergangenheit fest oder klammert sich sogar daran, behindert man selbst den Fluss seines eigenen Lebens. Veränderungen mögen unheimlich sein, doch trotzdem sind sie die einzige Konstante im Leben und auch Neuanfänge kommen immer mal wieder vor – sei es eine neue Beziehung oder eine berufliche Umorientierung.

Ängste können lähmend wirken, doch trotzdem lohnt es sich, den notwendigen Schritt in eine neue Richtung zu machen und einen Neubeginn zu wagen, der dann erstmal langsam wachsen und gedeihen muss.

Um den Neuanfang etwas zu erleichtern, können Heilpflanzen und Kräuter wertvolle Helfer sein. Sie helfen uns, der eigenen Intuition besser zuzuhören, Lösungen zu finden und in der eigenen Mitte zu bleiben. Dabei ist das Räuchern eine hervorragende Art der Unterstützung, die am schönsten mit einem kleinen Ritual verbunden werden kann.

Räucherstoffempfehlung: Eingriffeliger Weißdorn

• gilt in manchen Gegenden von Schottland, Irland oder Wales noch heute als Pforte zur Anderswelt

Wirkung Weißdornräucherung:

• öffnet das Herz für Neues und hilft, loszulassen
• ermutigt, den ersten Schritt zu wagen
• entspannt, harmonisiert, stärkt von innen heraus, heitert auf
• hilft, eigene Intuition besser wahrzunehmen

Wo man ihn findet:

• an Feldrändern, in lichten Wäldern, in fast jeder Wildhecke
• bei*m Kräuterspezialist*innen fertig getrocknet, in Apotheken

Erntezeit:

• Blüten: im Mai und Juni (Blütezeit kann je nach Region abweichen)
• Blätter: von April bis Oktober, am Blatttag, bei zunehmendem Mond
• Früchte: von September bis Oktober, am Früchtetag

Wie man ihn räuchert:

- im Räucherstövchen mit zarten Teilen wie feinen Blättern und Blüten -> Duft entfaltet sich langsamer und er riecht nicht einfach nur abgebrannt
- Räucherkohle für Beeren

Räuchermischung für einen Neubeginn:
Orangenschalen (Bioqualität)
Blätter und Birkenholz
Lärchenharz
Hopfen

Bei dieser Räuchermischung werden alle Räucherzutaten, bis auf das Birkenholz und das Lärchenharz, zu gleichen Teilen vermischt. Das Lärchenharz sowie das Birkenholz haben den größten Anteil innerhalb der Räuchermischung. Das Birkenholz sollte gut getrocknet sein. Wenn es nicht trocken genug ist, lässt es sich leider nur schlecht verräuchern und qualmt ganz fürchterlich. Sobald es getrocknet ist, wird es geraspelt oder gehobelt, wofür ein stabiler Gurken- oder Kartoffelschäler verwendet werden kann. Anschließend werden alle Räucherzutaten miteinander vermengt und auf der Räucherkohle verbrannt. Mit dem Verbrennen des Räucherwerks können innere Einkehr und Ruhe visualisiert werden. Zudem hemmt es die inneren Ängste, die den Neubeginn oftmals blockieren. Es vermittelt Mut, nimmt gleichzeitig bestehende Zweifel und übermittelt so persönliche Stärke, um den Weg des Neubeginns erfolgreich zu gehen und in eine glückliche Zukunft blicken zu können.

REINIGUNG NACH TOD & TRAUER

Es ist nie einfach, von einem geliebten Menschen oder einem geliebten Haustier Abschied zu nehmen. Wir brauchen sehr lange, um über diesen Verlust hinwegzukommen. War das Herz doch mit so viel Liebe gefüllt, fühlt man jetzt nur noch eine unendlich große Leere. Neben dem Schmerz des Verlustes, der Traurigkeit und der Ungewissheit beschäftiget uns die Frage, wie es mit dem*der Verstorbenen jetzt weitergeht und wo seine*ihre Seele hinkommt. All das bringt uns unendlich viel Trauer und Schmerz, den wir erst mit der Zeit langsam dimmen können.

Die Trauerarbeit und das Loslassen bedingen sich gegenseitig. Die Verarbeitung des Schmerzes kann erst dann voranschreiten, wenn wir bereit sind, loszulassen, und das können wir besser, wenn wir bereits getrauert haben. Sobald wir bereit sind, loszulassen, verfestigen sich all die schönen Erinnerungen, die wir gemeinsam gesammelt haben, in unserer Seele.

Vor allem nach dem Tod eines geliebten Menschen oder Haustieres sollten wir die Trauer und den Schmerz in jedem Fall erstmal zu lassen, um ihn verarbeiten zu können. Doch wenn wir endlos traurig sind und nicht aufhören, zu weinen, können wir die Seele des*der Verstorbenen nicht loslassen und so kann diese auch ihren Körper nicht freilassen. Wenn das passiert, wird die Seele für immer unter den Lebenden wandeln und kann keinen Frieden finden. Dadurch, dass wir loslassen, zeigen wir der Seele den richtigen Weg ins Licht, wo sie sich entfalten kann und ihren Platz für immer findet.

In dieser dunklen Zeit können uns Räucherwerke durch den Prozess der Trauerbewältigung begleiten und uns beim Loslassen helfen. Räuchermischungen unterstützen nicht nur bei der Bewältigung unserer Trauer, sondern lassen all die schönen und glücklichen Augenblicke und Erinnerungen in uns erneut aufleben. Wir fühlen uns mit dem*der Verstorbenen verbunden und wissen, er*sie ist immer noch ganz nah bei uns.

Vor allem dann, wenn Räume mit negativen Energien geprägt wurden, zum Beispiel durch einen Todesfall, hat das auf das Wohlbefinden einen spürbaren Einfluss. Denn diese Energien sind weder die eigenen noch ist es einfach, mit diesen zu leben.

Bei einem völlig unerwarteten Todesfall kann das Erlebnis sehr traumatisch sein, doch auch bei schweren und langen Krankheiten, bei denen ein Todesfall absehbar war, ist der Verlust erschütternd. Ist man als Angehörige*r traurig, ängstlich oder schockiert und fühlt sich möglicherweise sogar machtlos, ist das einerseits ganz natürlich, prägt andererseits jedoch unwissentlich auch die eigenen vier Wände.

Da alles miteinander verbunden ist, werden die einzelnen Räume in einer Wohnung oder einem Haus von allen Handlungen, Gedanken und Gefühlen geprägt, die jeweils Spuren auf den eigenen Wänden hinterlassen. Diese unsichtbaren energetischen Abdrücke beeinflussen Wohlbefinden und Gesundheit auch noch dann, wenn man endlich losgelassen hat, die Trauer überwunden und über sein Tief hinweg gekommen ist. Aus diesem Grund tut man sich selbst den größten Gefallen, wenn die Räume einer Wohnung oder eines Hauses, in denen man von einem Todesfall erfahren hat oder in denen ein Mensch sogar verstorben ist, so schnell wie möglich von Grund auf energetisch reinigt. Anschließend können aber auch gewöhnliche Räucherzeremonien zur Reinigung durchgeführt werden. Einigen Menschen hilft es außerdem, etwas zu haben, an dem sie sich festhalten können, weshalb sie ein eigenes Ritual entwickeln. Dafür kann man beispielsweise jeden Morgen direkt nach dem Aufstehen ein Räucherstäbchen vor einem Bild des*der Verstorbenen anzünden und die Wohnung räuchern. Währenddessen kann man mit der bereits verstorbenen Person reden und auch andere geliebte Menschen, die bereits verstorben sind und auf der anderen Seite warten, darum bitten, auf den gerade verlorenen Menschen aufzupassen und ihn*sie zu beschützen. Abschließend kann man mit dem Räucherstäbchen in der Hand noch eine Runde gegen den Uhrzeigersinn durch die Wohnung bzw. das Haus laufen, um den Rest auszuräuchern.

Durch ein tägliches Ritual zur Trauerbewältigung setzt man sich täglich aktiv mit dem Tod auseinander und kann den Verlust leichter akzeptieren. Auch wenn das natürlich schmerzhaft sein mag, ist Akzeptanz das Einzige, was einen weiterbringt und wieder nach vorne schauen lässt.

Räuchermischung zum Reinigen nach Tod und Trauer:
zu gleichen Teilen (bis auf den Rosmarin, dieser muss den meisten Anteil haben, weil er verstorbene Seelen ins Licht führt):

Rosmarin
Lavendel
Benzoe
Beifuß
Hagebutten
Eibennadeln
Birkenrinde
Weihrauch
Rose
Buchsbaum
Apfelbaumholz
Wermut
Ringelblume

Für diese Räuchermischung werden wieder alle Zutaten mit einem Mörser und einem Stößel zu einem Pulver gemahlen, dann miteinander vermischt und anschließend auf einer Räucherkohle oder einem Stövchen verbrannt.

Weitere geeignete Räucherstoffe: Enzianwurzel, Kamille, Holunder, Johanniskraut, Kiefernharz, Bohnenkraut, Rosenblüten, Erdbeerblätter, Brombeerblätter, Weidenrinde, Huflattich, Heidekraut, Ulmenrinde, Lärche, Majoran, Iriswurzel

EIN NEUES FAMILIENMITGLIED WILLKOMMEN HEIßEN

Ein neues Familienmitglied zu begrüßen und ihn*sie willkommen zu heißen, ist etwas ganz Besonderes, das emotional und aufregend zugleich ist. Ein neues Familienmitglied muss jedoch nicht immer nur ein Kind sein, sondern auch Haustiere verändern den Alltag komplett. Auch wenn man vielleicht etwas nervös oder aufgeregt sein mag, freut man sich unheimlich auf den neuen Lebensabschnitt, der nun anbricht.

Bei der Räucherung darf ruhig die gesamte Familie anwesend sein, da es allen gut tut, ihr eigenes Energiesystem zu reinigen. Kinder dürfen während dem Räuchern gerne trommeln oder klatschen, um die negativen Energien, die sich in allen Ecken verstecken, hervorzubringen.

Wenn die Familie durch ein neues Familienmitglied erweitert wird, bedeutet das immer Veränderung. Die Lebensphasen, in denen wir eine Transformation durchmachen, verlangen besonders viel Krafteinsatz und Aufmerksamkeit. Die Kraft, die wir dafür benötigen, können wir aus den Pflanzen der Natur ziehen, weshalb uns Räucherungen besonders in diesen Lebensphasen ansprechen. Denn alle Zeiten der Wandlung und der Transformation sind genauso einzigartig wie die Personen, die sie gerade durchleben.

Räuchervorschlag, um ein neues Familienmitglied willkommen zu heißen:
2 Teile Myrrhe
1 bis 2 Teile Drachenblut
1 Teil Sandelholz
1 Teil Salbei
2 Prisen Rosmarin
2 Prisen Basilikum

Bei dieser Räuchermischung werden wieder alle Zutaten mit einem Mörser und einem Stößel zu einem Pulver gemahlen, dann miteinander vermengt und anschließend verräuchert. Diese Räuchermischung heißt nicht nur das neue Familienmitglied willkommen, sondern spendet ihm*ihr auch Schutz und Geborgenheit. Mit Hilfe dieser Räuchermischung werden alte Strukturen aufgelöst, wodurch Neues wachsen kann.

Weitere geeignete Räucherstoffe: Beifuß, Eichenmoos, Rotsandelholz, Drachenblutweihrauch, Lorbeerblätter, Zimt, Bärentraubenblätter

FAMILIÄRE KONFLIKTE & SPANNUNGEN LÖSEN

Kaum eine Familie lebt ohne Konflikte und Spannungen. Sie kommen in der Familie vor – ob zwischen den Eltern, zwischen den Geschwistern oder zwischen den Eltern und den Kindern. Familiäre Konflikte und Spannungen gehören bei vielen Familien sogar zur Tagesordnung und bleiben, trotz aller Lösungsversuche, oftmals bestehen.

Häufige Auslöser für einen Streit innerhalb der Familie sind unausgesprochene Probleme, die ein oder mehrere Familienmitglieder*innen schon länger belasten, über die aber nicht gesprochen wird. Aber auch verschiedene Ansichten bei der Kindererziehung oder die Unordnung der eigenen Kinder können Spannungen und Konflikte auslösen. Zudem entstehen familiäre Konflikte häufig bei Familienfeiern, bei denen verschiedene Generationen mit jeweils unterschiedlichen Sichtweisen aufeinandertreffen.

Dabei sollten doch gerade innerhalb einer Familie und zwischen Menschen, die miteinander in Beziehung stehen und miteinander leben, immer liebevolle Beziehungen bestehen, die sich unter anderem aus Respekt, Toleranz, Empathie, Kommunikation und Achtung zusammensetzen.

Uneinigkeiten und Probleme sollten in erster Linie immer erst einmal kommunikativ gelöst und beseitigt werden. Oft bedeutet das auch, dass man selbst Kompromisse eingehen muss und vor allem gemeinsam an einer Lösung arbeitet. Um das Verhältnis innerhalb der Familie dann zu stabilisieren bzw. zu festigen und Konflikte und Spannungen endgültig zu lösen, ist jede Art des Räucherns geeignet und es gibt eine Vielzahl an geeigneten Räucherstoffen und Räuchermischungen.

Räuchervorschläge:
3 Lavendelblüten, 1 Handvoll Rosenblüten, 1 Vanilleschote, 1 Tonkabohne auf einem Stövchen
jeweils ½ TL Rosmarin, Sandelholz, Basilikum und Mistel mit 1 Stück Weihrauch auf der Räucherkohle
1 Stück Zitrone, 1 Stück Orange, 1 Handvoll Rosenblüten, 1 Beerenmischung in der Aromalampe
2 Lavendelblüten, 2 Vanilleschoten, 1 Tonkabohne in der Aromalampe
verschiedene Früchte in der Aromalampe

Weitere geeignete Räucherstoffe: Zedernholz, Myrrhe, Dammar, Styrax, Sandelholz, Vanilleschoten, Rosenblüten, Basilikum, Rosmarin, Benzoe, Mistel, Tonkabohnen, Weihrauch, alle Beeren und Fruchtsorten

Zusätzlich kann das Räuchern durch ein Ritual begleitet werden, bei dem sich alle Familienmitglieder*innen aufrecht hinsetzen und sich selbst umarmen. Dabei wird ganz kräftig und tief eingeatmet und die Arme werden bei der darauffolgenden Ausatmung wieder geöffnet. Am besten visualisiert man währenddessen, wie sich das eigene Herz öffnet und man selbst friedlich und liebevoll im Umgang mit seiner eigenen Familie ist. Beim nächsten Einatmen umarmt man sich dann wieder selbst, wobei das Einatmen den Fluss der Liebe symbolisiert, den jede*r einzelne von der Familie verdient. Die Übung sollte mindestens sechs Mal wiederholt werden.

Parallel dazu können Affirmation aufgesagt werden, die helfen, die Spannungen innerhalb der Familie zu lösen.

„Wir alle begegnen uns mit gegenseitiger Achtung
und vollem Respekt.

Die Liebe, die zwischen uns fließt,
verbindet uns von Herzen miteinander.
Ich respektiere die Individualität,
die Persönlichkeit,
die eigene Meinung
und das gesamte Wesen des anderen
und bekomme den gleichen Respekt auch zurück.

Der Umgang innerhalb unserer Familie ist harmonisch,
einfühlsam, verständnisvoll, liebevoll und gelassen."

Rituale

Beim Räuchern berührt uns vor allem ein ganz besonderer Aspekt am tiefsten: die spirituelle Dimension. Denn Räucherrituale leben davon, der Sprache der eigenen Seele zu lauschen, auf die innere Stimme zu hören und dabei der eigenen Wahrnehmung und Intuition zu vertrauen.

In der praktischen Umsetzung im Alltag bedeutet das, sich besonders Raum und Zeit für das spirituelle Räuchern zu nehmen, dessen Voraussetzung Ungestörtheit und Stille sind. Räuchert man intensiv und vor allen Dingen bewusst, setzt man sich auch mit der klaren Absicht bzw. dem Zweck der Räucherung auseinander. Warum führe ich gerade diese spezielle Räucherung durch? Wofür ist sie gut und was soll sie bewirken?

Möchte man zum Beispiel inmitten vom stressigen Alltag zur Ruhe kommen und seine eigene Mitte wiederfinden, hilft es wenig, sich vor dem Räuchern nochmal mit kritischen Themen auseinanderzusetzen. Vielmehr sollte man sich stets über die Absicht seiner Räucherung bewusst sein und dementsprechend handeln. Zu Beginn jeder spirituellen Räucherung sollte man sich deshalb seinem inneren Seelenraum gegenüber öffnen, um seine eigenen Gefühle bewusst wahrnehmen zu können. Dadurch kann auch die jeweilige Absicht des Räucherrituals besser umgesetzt werden. Außerdem ist es ganz entscheidend, dass man gegebene äußere Umstände entsprechend seinem eigenen Wohlbefinden gestaltet.

Düfte haben immer eine Wirkung und deshalb immer auch eine spirituelle Dimension, der man sich nicht entziehen kann. Die seelische Wirkung der Düfte kann aber durch Konzentration und Fokus mal weniger und mal mehr bewusst wahrgenommen werden. Dabei mag uns zwar nicht immer gefallen, was ein spezifischer Duft auf der seelischen Ebene auslöst, doch die Duftwahrnehmung kann ein ganz grundlegender Schritt für die persönliche Weiterentwicklung sein. Denn der Zauber der Düfte kann Seelen dynamisieren und auch verborgende Wunden sichtbar machen. Einige Kräuter und Harze sind so kraftvoll, dass uns ihr himmlischer Duft aus einem seelischen Tief herausholt. So können sie uns helfen, unseren seelischen Schmerz zu verarbeiten und anschließend loszulassen. Andere Kräuter wiederum regen unsere Sinne und damit auch unsere Sinnlichkeit an.

Die Voraussetzung eines jeden Räucherrituals ist immer, dass man sich auf die jeweiligen Düfte und auf das, was sie innerlich in einem selbst auslösen, einlässt. Die spirituelle Dimension des Räucherns repräsentiert einen Königsweg, der zur eigenen Seele führt. Es gibt keine außenstehende Person, die den Duft für uns interpretiert oder diesen durch seine*ihre persönliche Sichtweise verfälscht und dadurch womöglich unser individuelles Innenleben verzerrt darstellt. Vielmehr geht unsere innere Befindlichkeit in eine ehrliche und direkte Resonanz mit den Düften über. Dann können die emotionalen Botschaften der jeweiligen Düfte der Beginn dafür sein, sich mit seiner eigenen Seele ganz ehrlich auseinanderzusetzen und innerlich zu reifen.

In erster Linie geht es bei einem Räucherritual darum, sich Zeit zu nehmen und sich auf das jeweilige Ziel des Rituals zu konzentrieren. Rituale werden immer mit einer bestimmten Absicht durchgeführt und dienen dazu, sich auf den Zweck zu fokussieren und diesen zu vertiefen, damit man ihn verinnerlichen und dieser dadurch seine Wirkung entfalten kann. Durch das Räuchern kann sich unser Geist aus dem alltäglichen Geschehen befreien. So gelingt es ihm, sich losgelöst mit höheren Dimensionen zu verbinden und die mystischen Welten, die sich darin finden, zu erblicken. Alltagsprobleme rücken immer weiter in die Ferne, währenddessen es uns gelingt, den tiefen Sinn unseres Daseins zu erahnen.

Anleitung

Es bietet sich an, sich für ein Ritual **einen schönen Platz** einzurichten. Im besten Fall ist das ein Ort, an dem man sich **wohlfühlt** und **viel Ruhe** hat. Sobald ein Platz gefunden und dieser eingerichtet wurde, kann man das jeweilige Ritual mit einer Reinigungsräucherung beginnen. Dafür eignen sich reinigende Stoffe, wie Lavendel oder Salbei.

Je nach persönlichem Geschmack kann man dann entweder die Räucherkräuter auf einer Räucherkohle verbrennen lassen oder ein Räucherbündel anzünden.

Zunächst schaut man auf den aufsteigenden Rauch und stimmt sich **geistig** schon mal auf das bevorstehende Ritual ein. Anschließend kann man sich **von den Füßen bis zum Kopf abräuchern** und den Effekt des Räucherns einfach auf sich wirken lassen.

Wenn man das Abräuchern persönlich nicht mag, kann man sich alternativ einfach **bequem hinsetzen** und den aufsteigenden Rauch mit seinen Augen verfolgen, bis man sich bereit für das kommende Ritual fühlt.

ENTSPANNUNGSRITUALE

Wellness bedeutet nicht nur Körperpflege, gesunde und bewusste Ernährung oder viel Bewegung, sondern umfasst auch Methoden zum Stress-Management und zur Entspannung. Der Zauber des Räucherns ist dabei ein beliebtes Hilfsmittel, um zur Regeneration und Entspannung beizutragen. Die Räucherstoffe bzw. Räucherpflanzen helfen jedoch nicht nur bei der Erholung, sondern verfügen auch über geeignete gesundheitliche Wirkungen. Auf der feinstofflichen Ebene geben solche Pflanzen und Stoffe die richtigen Impulse, um die menschlichen Selbstheilungskräfte zu aktivieren. Dadurch trägt das Räuchern auch zur allgemeinem Steigerung des menschlichen Wohlbefindens bei.

Wem persönlich einzelne Räucherstoffe nicht gefallen und wer sich auch Räuchermischungen nicht selbst zusammenstellen möchte, für den sind bereits vorgefertigte Produkte ideal geeignet. Im Handel finden sich eine ganze Reihe fertiger Räuchermischungen oder Räucherstäbchen, die zum Zweck der Entspannung speziell konzipiert wurden. Diese Räucherstoffe wirken entspannend und aufbauend und lassen sich oftmals nicht nur einzeln, sondern auch in einer Kombination mit anderen Pflanzen mischen.

Geeignete Räucherstoffe: Sandelholz, Palo Santo, Beifuß, Lavendel, Tanne, Zeder, Adlerholz, Dammar, Rose, Minze, Mastix, Yerba Santa, Alant, Benzoe, Tolubalsam, Kiefer, Nagarmotha, Zirbelkiefer, Boldo, Galbanum, Lorbeer, Weihrauch

Räuchervorschlag für einen Kurzurlaub:
1 Teil Beifuß
1 Teil Johanniskraut
1 Teil Alantwurzel
½ Teil Eisenkraut
½ Teil Styrax
½ Teil Rosenblüten

Diese Räuchermischung für einen Kurzurlaub beruhigt, harmonisiert, entspannt, vertreibt jegliche Gefühle von Stress und spendet gleichzeitig neue Kraft.

Räuchervorschlag für ein Entspannungsritual:
1 Teil Mariengras
1 Teil Alant
½ Teil Rosenblüten
1 Teil eines Krauts der Wahl

Diese Räuchermischung entfaltet ihre Wirkung am besten mit einer Tasse Tee an einem schönen Platz im Wohnzimmer, an dem die Füße hochgelegt und entspannt werden können. Zusätzlich können die Hände in den Rauch gehalten werden, sodass man vom Rauch gestreichelt wird. Das entspannt nicht nur, sondern fördert auch das Wohlbefinden.

Räuchervorschlag zum Ausgleich der Work-Life-Balance:
1 Teil Wacholder
1 Teil Schafgarbe
1 Teil Holunderblüte
½ Teil Buchenholz
½ Teil Beifuß

Auch für diese Räuchermischung eignet sich ein ruhiger Platz mit Wohlfühlfaktor, an dem man die Füße hochlegen und tief einatmen kann, am besten. Gibt man sich einem Moment der Ruhe hin und lässt die Räucherung einfach auf sich wirken, kann man negative Dinge leichter loslassen, die eigene Mitte finden und seinen Blick für andere Perspektiven und neue Möglichkeiten öffnen.

Für kleine Räucherauszeiten empfiehlt es sich, Rituale zu entwickeln, die im Alltag regelmäßig Anwendung finden und zum Gegenpol von täglichem Stress werden.

Bevor es losgehen kann, werden erst einmal die passenden Materialen für das Räucherritual benötigt. Alle drei Räucherrituale lassen sich entweder mit Räucherkohle oder auf einem Stövchen durchführen. Im Kapitel "Materialübersicht für Einsteiger" finden sich die benötigten Hilfsmittel wieder. Zusätzlich kann man gerne noch eine Tasse Tee oder zum Ritual passende Musik mit in das Räucherritual integrieren.

Anleitung

Entweder stellt man sein eigenes Räucherwerk zu Beginn zusammen, greift auf eine vorgefertigte Mischung zurück oder nutzt die hier angegebenen Räuchervorschläge.

Das ausgewählte Räucherwerk bzw. die Räucherstoffe werden dann in ein **ästhetisch anmutendes Räuchergefäß** (z. B. Räucherpfanne oder Stövchen) gelegt.

Im Hintergrund kann währenddessen **entspannende Musik** laufen.

Anschließend wird **eine Kerze angezündet**. Bei Bedarf verleiht **ein warmer Tee** eine zusätzliche süße Note.

Nun setzt man sich gemütlich aufs Sofa, in einen bequemen Sessel oder vor den Kamin, schließt die Augen, atmet dabei den Duft des Räucherwerks ein und lauscht den sanften Klängen der Musik, wobei man immer tiefer in die Entspannung sinkt.

Dieses Ritual schafft nicht nur Momente der Besinnung und Ruhe, sondern hilft auch, der täglichen Hektik und Anspannung zu entfliehen. So gelingt es, Geist, Körper und Seele gleichermaßen zu entspannen und wieder die richtige Balance im Leben zu finden. Natürlich darf man sich auch regelmäßig einen kompletten Wellness-Tag gönnen, an dem man das Räuchern mit einem Saunabesuch oder einer Massage kombiniert.

RITUALE ZUM LOSLASSEN

Manchmal ist das Loslassen wie ein innerer Abschied. Ein Abschied von Menschen, von Gewohntem, von etwas Liebgewonnenem oder von Vorstellungen, Plänen oder Visionen. Doch das Loslassen kann sich auch auf innere Wunden und seelische Verletzungen beziehen.

Einmal losgelassen, fühlt man sich freier. Man fühlt sich losgelöst von Dingen oder Menschen, die einen festgehalten oder sogar zurückgehalten haben, oder aber von Dingen, an denen man selbst festgehalten hat, und Menschen, von denen man einst dachte, dass man niemals ohne sie leben könnte.

Genau beim Loslassen können Räucherstoffe oder Räuchermischungen unterstützen und uns helfen, unseren Blick nach vorne auf etwas Neues zu richten. Denn erst, wenn man loslässt, kann man neue Dinge und neue Menschen in sein Leben einladen und es führt einen letztendlich wieder zu sich selbst zurück.

Ein beliebtes Räucherwerk zum Loslassen ist die immergrüne Myrte. Sie wurde verschiedenen Göttinnen gewidmet, weil sie in allen Kulturen als heilig galt. Es heißt, dass sie Segen bringt und dass die Engel ihren Duft lieben.

Räucherstoffempfehlung: Myrte

Wirkung Myrte:

- Hilft, loszulassen
- beruhigt den Geist, macht aber nicht schläfrig -> deshalb besonders gut zur Einstimmung auf eine Meditation geeignet
- klärt und reinigt die Atmosphäre und hilft beim Verzeihen

Wo man sie findet:

- entstammt ursprünglich aus dem Mittelmeergebiet
- man findet sie als Zierpflanze, die sich sehr gut im Topf ziehen lässt
- getrocknetes Pflanzenmaterial in Bioläden zu finden
- wird am besten an frostfreien und hellen Orten zum Überwintern gelagert

Erntezeit:

- Blätter, Blüten und kleine Beeren werden von Mai bis September geerntet und getrocknet
- bei zunehmendem Mond und am Blütentag steckt in Blättern und Blüten die meiste Pflanzenkraft
- am Früchtetag steckt in Beeren die meiste Pflanzenkraft

Wie man sie räuchert:

- die getrockneten Blüten, Blätter und Beeren entweder auf einem Räucherstövchen oder auf einem Räuchersieb verräuchern

Räuchervorschlag zum Loslassen:
Rosenblüten
Rosmarin
Brombeerblätter
Kalmuswurzel
Quendel
Eisenkraut

Die Räucherkräuter dieser Mischung lösen unerwünschte Gedanken und belastende Sorgen auf und kappen dadurch jegliche Verbindung zu negativen Schwingungen. Zum Räuchern geht man am besten an einen ruhigen Ort, an dem man Zeit zur Entspannung findet, und entzündet dort das Räucherwerk auf Räucherkohle. Gemeinsam mit dem Rauch können dann alle negativen Gedanken und Sorgen nach oben geschickt werden. In Gedanken kann man zudem den Rauch abschneiden und so die Rauchverbindung zu sich selbst kappen.

Weitere geeignete Räucherstoffe: Beifuß, Fichtenharz, Galgant, Sandelholz, Johanniskraut, Benzoeharz, Holunderblüten, Kalmuswurzel, Mistel, Schafgarbe, Fenchelsamen, Myrrhe, Ysop, Nelke, Muskatnuss, Ingwer, Zimt

Am besten verstärkt man das Räuchern zum Loslassen mit einem geeigneten Räucherritual, welches das negative Gedankenkarussell unterbricht:

Anleitung

Dafür notiert man sich **verschiedene Gedanken auf einem kleinen Zettel**, die man loslassen möchte. Das können Ängste, Sorgen, Dinge, Gewohnheiten, Themen oder Verhaltensmuster sein, die man freigeben will.

Anschließend zündet man einige Späne in einer feuerfesten Schale an und **verbrennt die Zettel mit viel Bewusstsein und Achtsamkeit.**

Gleichzeitig lässt man das Räucherwerk zum Loslassen auf einer Räucherkohle verbrennen und beräuchert sich selbst damit.

Dieses Räucherritual hilft beim Lösen, Loslassen und Verabschieden und spendet Unterstützung beim Übergang in eine neue Lebenssituation.

Passend dazu kann man gerne noch **eine Kerze aus Heilkräutern oder Blütenessenzen** anzünden, die die feinstofflichen Schwingungen unterstützen.

VISIONEN & RÄUCHERN: RITUALE ZUR STÄRKUNG DER VISIONSKRAFT

Räucherstoffe wurden schon damals von den alten Schamanen als Reisemittel verwendet, um in eine andere Dimension zu gelangen. Einige Pflanzen sind so kraftvoll, dass sie die Türen zu einer anderen Welt aufstoßen und dem*r Reisenden gleichzeitig eine schützende Hülle umlegen können.

Der Zauber, den eine Visionsräucherung inne hat, bringt wieder zurück in die eigene Mitte, wenn man in sich selbst hineingeht. Sie schafft Raum und Zeit zum Atem holen und empfängt die eigenen Träume mit offenen Armen. Die Visionen, die in Ihnen stecken, werden durch den Rauch der Räucherung ans Licht geholt und so inspiriert eine Visionsräucherung dazu, die eigenen Vorstellungen zu erfüllen.

Zu Zeiten des antiken Griechenlands gab es in einer der Regionen Griechenlands, die heute als Region „Mittelgriechenland" bezeichnet wird, den Ort Delphi, der für seine Weissagungen und sein Orakel berühmt war. Legenden besagen, dass die Orakelpriesterin Pythia sehr viele Lorbeerblätter nutzte und auf diesen schlief, kaute und sie auch verräucherte. Der Rauch, der durch das Räuchern entstand, versetzte sie in eine Art Trance, aus welcher heraus sie rätselhafte Prophezeiungen verkündete. Aus diesem Grund werden Lorbeerblätter auch zur Stärkung der Visionskraft verräuchert.

Räucherstoffempfehlung: Echter Lorbeer

Wirkung Echter Lorbeer:

- stimuliert Visionen, regt Träume an, erweitert das Bewusstsein
- hilft dabei, Entscheidungen zu treffen und einen klaren Kopf zu behalten
- unterstützt die Suche nach den eigenen Werten
- tötet Keime und reinigt Atmosphäre

Wo man ihn findet:

- liebt windgeschützte und sonnige Orte
- wächst im Mittelmeerraum
- auch ganz normaler Küchengewürzlorbeer ist geeignet
- lässt sich – in Gegenden, in denen es im Winter friert – im Topf ziehen

-> an einem hellen und kühlen Ort überwintern lassen

Erntezeit:

- das ganze Jahr über zu ernten und zu trocknen
- bei zunehmendem Mond steckt am meisten Kraft in ihm

Wie man ihn räuchert:

- entweder kleingebröselte Teile oder aber das ganze Blatt auf glimmende Räucherkohle legen

Weitere geeignete Räucherstoffe: Koriander, Lemongras, Dammar, Benzoe, Orange, Schafgarbe, Eisenkraut, wilde Möhre

Visionsräucherungen können zudem mit persönlichen Fragen an die eigenen Visionen verstärkt werden. Wichtig ist, dass man sich mit seinen eigenen Träumen, Wünschen, Visionen und Bedürfnissen ganz bewusst auseinandersetzt und klar formuliert, welche Dinge man hinter sich lassen und welche man wiederum verändern möchte. Spricht man die Antworten auf diese Fragen laut aus, verstärkt das die Wirkung sogar nochmal. Das Ziel, nicht nur von Visionsräucherungen, ist, sich das, was man sich bewusst gemacht hat, auch zu verinnerlichen und die Ausformulierungen zu manifestieren. Dabei hilft es nicht nur, über die eigenen Ziele und Träume zu sprechen, sondern diese auch aufzuschreiben. Dadurch beschäftigt man sich mit diesen intensiver und verinnerlicht sie außerdem auch im Unterbewusstsein.

„Welches innere Licht leuchtet in mir?"
„Wofür schlägt mein Herz?"
„Was erfüllt mein Leben mit Sinn?"
„Gibt es in meinem Leben etwas,
von dem ich schon lange träume und was ich schon lange ersehne?"
„Sind da Dinge in meinem Leben,
die einen Richtungswechsel benötigen?"

Zusätzlich zum Visionsräucherungsritual und den persönlichen Fragen können auch Tarot- oder andere Kartensets genutzt werden, um die eigene Visionskraft zu stärken.

PROTEKTIVE RITUALE: SCHUTZ

In der Räucherkunde sowie in der Volksmagie stehen eine sehr große Anzahl an Pflanzen auf der ganzen Welt für das Thema Schutz. Der Schutz von Körper und Seele ist den Menschen sehr wichtig. Sie haben sich schon immer mit Schutzkräutern beschäftigt, wodurch Schutzräucherungen ein sehr altes Urbedürfnis der Menschheit sind. Bei protektiven Räucherungen ist das überwiegende Thema immer der Schutz vor negativen Einflüssen, die von außen auf Sie zukommen und vor denen man sich vorbeugend schützen sollte. Mit Hilfe von Schutzräucherungen gelingt es, sich ein äußeres sinnbildliches Schutzschild aufzubauen.

Protektive Räucherpraktiken im Haus sollten ein bis zwei Mal pro Woche durchgeführt werden und protektive Aurareinigungen werden sogar täglich empfohlen, weil sich energetischer Ballast immer wieder ansammelt.

Um gar nicht erst in eine Situation zu kommen, in der negative Energien praktisch an die eigene Haustür klopfen, sollte regelmäßig geräuchert werden. Schutzräucherungen werden immer vorbeugend durchgeführt und wirken nicht mehr, sobald sich negative Energien bereits festgesetzt haben. Schutzräucherungen können zudem durch **geweihte Gegenstände** wie Weihwasser, Dreikönigssalz, Schutzgebete oder ein Kreuz unterstützt werden.

Geeignete Räucherstoffe: Eisenkraut, Myrrhe, Rosmarin, Salbei, Schafgarbe, Angelikawurzel, Beifuß, Bernstein, Holunder, Jasmin, Wacholder, Thymian, Lärche, Eberraute, Fenchel, Flieder, Drachenblut, Alaun, Basilikum, Patchouli, Tanne, Vogelknöterich, Wermut, Andorn, Ampfer, Edelweiß, Gundermann, Weihrauch, Günsel, Haselstrauch, Johanniskraut

Räuchervorschlag Aurareinigung:
Tipp: tägliche Aurareinigung sollte praktisch sein, deshalb wird am besten immer nur ein Kraut verbrannt, z. B.:
Salbei
Wacholderbeeren
Angelikawurzel
Sandelholz
Weihrauch

Für die Aurareinigung wird das Räucherwerk entzündet und auf einen feuerfesten Untersetzer auf den Tisch gestellt. Anschließend wartet man einige Augenblicke, bis sich das Aroma des Räucherstoffes entfaltet hat. und stellt sich direkt vor das Räucherwerk. Jetzt beginnt man, den Rauch mit beiden Händen zu schöpfen, und führt die Hände anschließend symbolisch über den Kopf und streicht die Aura an allen Seiten des Körpers glatt nach unten. Diesen Vorgang wiederholt man mehrere Male.

Räuchervorschlag Schutzräucherung I:
2 Teile Olibanum
1 Teil Thymian
1 Teil Lorbeerblätter

Zuerst werden alle Zutaten dieser Räuchermischung zerkleinert, dann gut miteinander vermischt und abschließend auf der Räucherkohle verbrannt.

Räuchervorschlag Schutzräucherung II:
3 Teile Weißes Sandelholz
2 Teile Myrrhe
2 Teile Patchouli
1 Teil Beifuß
1 Teil Wacholderbeeren
1 Teil Bernstein
1 Teil Angelikawurzel
1 ½ Teile Weihrauch
½ Teil Drachenblut

Genau wie in der ersten Schutzräucherung werden wieder alle Zutaten zerkleinert, gut miteinander vermischt und anschließend auf der Räucherkohle verbrannt.

Räuchervorschlag Schutzräucherung III:
zu gleichen Teilen:
Eukalyptusblätter
Rosmarin
Copal
Knoblauchschalen
Lavendel
Alaun
Schwarzer Senf
Pinienrinde
Mexikanisches Oreganokraut

Diese Räuchermischung wird in Mexiko seit langer Zeit zur Ausräucherung von Häusern und Wohnungen eingesetzt. In ganz Lateinamerika werden solche Schutzräucherungen auch als Sahumerios bezeichnet. Für diese Schutzräucherung werden alle Zutaten zerkleinert und zu gleichen Teilen miteinander vermengt, bevor die Räuchermischung abschließend auf die Räucherkohle gegeben wird.

Anleitung

Die Räucherreinigung kann weiterführend durch ein Ritual und eine Affirmation begleitet werden.

Parallel dazu können auch ausgewählte Affirmationen das Räucherritual begleiten, weil diese den Schutz und die Reinigung vor erneutem Ballast verstärken.

„Ich reinige mich. Jede negative Energie fließt von mir ab, wandelt sich in Rauch um und verfliegt im Universum. Ich übergebe dem Universum alle an mir hängenden Energien und reinige meine Seele. Meine Gedanken und mein Herz sind rein. Ich lasse Liebe und Licht in mich herein. Geborgenheit und Schutz sind mir sicher."

Während des Räucherns setzt man sich **aufrecht hin und atmet erstmal ganz tief ein**. Beim Ausatmen werden beide Arme über die Hände weit nach vorne geschoben, denn dadurch wird alles Negative abgewehrt.

Anschließend wird wieder eingeatmet und die Arme werden wieder zurück zum Körper geführt.

Diese Übung sollte danach noch mindestens **drei Mal** wiederholt werden.

Im Anschluss werden die Arme **seitlich über den Kopf** geführt, bis die Handflächen über dem Scheitel zusammentreffen. Gleichzeitig wird eingeatmet. Beim Ausatmen werden die Arme wieder **nach unten** zu den Körperseiten geführt.

Auch diese Übung sollte mindestens **drei Mal** wiederholt werden und kann zusätzlich mit der **Visualisierung von schützendem Licht** verknüpft werden. Von diesem ist man umgeben und eingehüllt, sodass man sich in einem Kreis aus undurchlässigem Licht der Geborgenheit wiederfindet.

SELBSTLIEBE

Selbstliebe ist die Grundvoraussetzung des Lebens. Ohne Selbstliebe kann man weder ein erfülltes und glückliches Leben führen noch mit der Welt verbunden sein. Wenn man sich nicht selbst lieben kann, wie soll man denn dann andere Menschen lieben können?

Wenn man sich selbst aufrichtig liebt, dann ist man nicht auf die Bestätigung durch andere angewiesen. Stattdessen ist man sich selbst genug und verwehrt sich sein eigenes Glück nicht selbst. Die Beziehung, die man zu sich selbst führt, ist die stärkste und wichtigste Beziehung, die es gibt. Sie ist der Beginn einer lebenslangen Romanze, die in der Verwirklichung seiner Selbst mündet.

Räuchervorschlag Selbstliebe:	**Material für ein Räucherbündel:**
Palo Santo Thymian Rose Zimt	hitzebeständige Schale Spiegel Rosenquarz Schnur Apfel

Anleitung

Zuerst muss das Räucherbündel zusammengebunden werden. Dafür lässt man die Pflanzen **anwelken**, damit sie nicht zu schimmeln beginnen. Die einzelnen Zweige der Räucherzutaten sollten ungefähr die **gleiche Länge** haben. Die Anzahl der Zweige kann individuell bestimmt werden, doch ein fertiges Räucherbündel sollte etwa **27 cm lang und etwa 3 cm dick** sein. Beim Verschnüren des Bündels lässt man ein **kurzes Anfangsstück frei**, das später zum Verknoten benötigt wird. Anschließend **umkreist** man das Bündel mit dem Faden einmal **aufwärts** und einmal **abwärts**. Dabei **kreuzen sich die Windungen** und bilden mehrere "X". Abschließend werden noch das Ende und der Anfang **miteinander verknotet**. Am besten trocknet das Bündel **hängend an einem warmen und halbschattigen Ort**.

Bevor das Kräuterbündel angezündet wird, stellt man sich vor **einen großen Spiegel**, in dem man sich selbst komplett anschauen kann.

Zum Räuchern wird das Bündel **an einem Ende angezündet** und in einer **hitzebeständigen** Schale platziert.

Nun sollte der entstandene Rauch ganz sanft **über das eigene Spiegelbild** gefächert werden, währenddessen eine höhere Macht gebeten wird, das Ritual mit ganz viel Liebe zu segnen.

Danach nimmt man den **Apfel** in eine Hand und den **Rosenquarz** in die andere, legt diesen an sein Herz und schaut seinem eigenen Spiegelbild tief in die Augen. Dabei spricht man zu sich selbst die folgende Affirmation:

„Dich werde ich mit Liebe nähren.
Vielen Dank dafür, diese Liebe nehme ich an."

Werden diese Worte öfter **wiederholt**, verankern sie sich tief im Unterbewusstsein und lösen einen Wandel im Herzen aus. Sobald sich dieses Gefühl eingestellt hat, wird der Apfel als Symbol **nahrhafter Licbc**, dic man sich selbst zuteil werden lässt, verspeist.

Zuletzt dankt man der höheren Macht und bittet sie, dass das Gefühl der Selbstliebe für immer fest bestehen bleibt.

Der Rosenquarz kann, als Erinnerung an die bedingungslose Liebe zu sich selbst, **täglich mitgetragen** werden.

Die Krone des Räucherns: Der Rauhnächtekalender

Die reinigende Kraft des spirituellen Räucherns macht man sich insbesondere zum Jahreswechsel zunutze, denn diesem liegt ein besonderer Zauber inne. Die Menschen schweben zwischen den Zeiten irgendwo im Reich der Träume, der Reflektion und der Selbstbesinnung.

Die Tage zwischen Weihnachten und dem Fest der Heiligen Drei Könige werden in vielen europäischen Kulturen als die "Rauhnächte" bezeichnet. Dem alten Volkswissen zufolge ist zwischen dem 25. Dezember und dem 6. Januar die Schwelle zwischen dem Diesseits und dem Jenseits besonders niedrig. Es ist die Zeit, in der Dämonen, Werwölfe und wilde Geister durchs Land ziehen. Es ist die Zeit, in der die Ordnung mit dem Chaos kämpft und gleichzeitig die Zeit des Neubeginns, der Besinnung, der Reinigung und des Wandels.

Ihren Ursprung finden die Rauhnächte in der alten Zeitrechnung des Mondjahres, denn ein Mondjahr hatte 354 Tage. Ein Sonnenjahr hat jedoch 365 Tage, wodurch 11 Tage und 12 Nächte fehlten, die durch die Kelten praktisch eingeschoben und dadurch der Zeitunterschied ausgeglichen wurde.

Den Tagen und Nächten dieser Phase kommt eine besondere Bedeutung zu, weil sie Schicksalstage oder Lostage sind. Alles, was an diesen Tagen geschieht, ist von Bedeutung und sogar Träume sind visionär. Man hat die Möglichkeit, sein persönliches neues Jahr mitzugestalten und aktiv zu beeinflussen. Jeder Tag der Rauhnächte repräsentiert einen (Mond-) Monat des kommenden Jahres. Damit bringt jede Rauhnacht eine Chance mit sich, ein persönliches Vorhaben durch die Kraft der eigenen Intuition positiv zu beeinflussen.

Vor allem ist das Räuchern ein bis heute sehr weit verbreiteter Brauch in den Rauhnächten, denn es sorgt für Klarheit und einen frischen Start in ein neues Jahr. Zum Schutz vor Unheil und der Reinigung negativer Energien werden Heilpflanzen, Kräuter, Harze und Hölzer verräuchert und in jede Ecke des Hauses getragen. Zeitgleich kann man Affirmationen aufsagen, die den Schutzzauber des Rauches verstärken.

„Ich stehe unter einem schützenden Mantel,
der alles Negative von mir fernhält.“

„Ich lasse alles Vergangene hinter mir und lebe im Hier und Jetzt.“

„Mein Leben gestalte ich nach meinen eigenen Wünschen
und konzentriere mich dabei auf all das Gute in meinem Leben.“

„Ich bin stark und habe mein Leben immer selbst in der Hand."

Selbst wenn Traditionen und Bräuche in der heutigen Gesellschaft nicht allzu sehr gepflegt werden, kann man die mystische Zeitspanne der Rauhnächte für Räucherrituale nutzen, mit dem vergangenen Jahr abschließen, das neue Jahr willkommen heißen und sich Schutz und Glück für seine Liebsten wünschen. Auch wenn Mythen und mysteriöse Vorzeichen für die meisten Menschen heute keine große Rolle mehr spielen, ist der Jahresübergang vom besonderen Zauber der Selbstbesinnung, der Reflektion und des Innehaltens geprägt. Deshalb sollte man sich Zeit gönnen, um sich vom hektischen Alltag loszulösen und die Erfahrungen und Erlebnisse des vergangenen Jahres zu verarbeiten. Gleichzeitig sollte man aber auch die eigenen Ziele und Träume für das kommende Jahr manifestieren, damit einem das eigene Leben und man sich selbst bewusster wird. Dieser magische Moment des Einklangs ist geprägt von Empfindsamkeit und Empfänglichkeit für energetische Schwingungen, die durch die Rituale des spirituellen Räucherns unterstützt und gestärkt werden können.

Zum Jahresbeginn sollte man sich immer von Altlasten befreien, Negatives loslassen, sich für einen Neubeginn öffnen und Raum für Positives schaffen. Dafür bietet es sich an, die Blätter von Salbei, Wacholderbeeren, Weihrauch und Kampfer zu mischen und in einem Mörser zu zermahlen.

Anschließend wird die reinigende und klärende Mischung in eine Räucherschale mit glühender Kohle gegeben und in jeder Rauhnacht mit diesem Räucherwerk von Zimmer zu Zimmer gegangen. Während der Rauch in jeden Winkel des eigenen Zuhauses verteilt wird, kann man sich vorstellen, dass sich alles Negative des alten Jahres auflöst und in positive Energien umgewandelt wird. Verstärkt werden können diese Gedanken durch Affirmationen, die in Gedanken oder laut ausgesprochen werden und die Wünsche für das neue Jahr zum Ausdruck bringen. In den ersten sechs Rauhnächten kann man sich dann dem alten Jahr und in den letzten sechs Rauhnächten dem neuen Jahr zuwenden.

Darüber hinaus kann die reinigende und positive Wirkung der Räucherrituale nicht nur durch Affirmationen verstärkt werden. Auch kleine Zettel mit Notizen von Dingen, die einen belasten und die man loslassen möchte, helfen, negative Energien zu vertreiben. Das kann dabei alles sein, was spontan in den Sinn kommt – negative Gefühle und Gedanken, negative Beziehungen, negative Eigenschaften. Am besten faltet man die Notizen anschließend zusammen und legt sie zu dem Räucherwerk auf die glühende Kohle. Während die kleinen Zettel verbrennen, verabschiedet man sich simultan von all seinen Altlasten. Dabei atmet man den Duft der Kräuter ein und visualisiert, wie der schwere Ballast von einem weicht und das eigene Herz ganz leicht und weit wird. Gleichzeitig wird automatisch Raum für positive Gedanken geschaffen und Wärme und Liebe ins Leben eingeladen. Man öffnet sich für einen Neubeginn und ist bereit für ein Jahr voller Wunder und Magie.

Bonus: Räuchern mit Harzen

Harze sind der Lebenssaft von Bäumen und zählen zu den heilkräftigsten und wertvollsten Räucherwerken, die es gibt. Am wirkungsvollsten lassen sich Harze wie Weihrauch auf der Räucherkohle räuchern, wohingegen andere Harze wie Kampfer, Myrrhe oder Fichtenharz ihren wunderbaren Duft auch auf dem Räuchersieb bestens entfalten.

Es gibt eine Vielzahl an Gründen, warum Menschen Harze bereits seit vielen Jahrtausenden als Räucherwerk verwenden – angefangen bei den gesundheitlichen oder psychoaktiven Wirkungen einiger Harze über die Nutzung ihres angenehmen Geruches wegen bis hin zu religiösen Ritualen, bei denen Räucherstoffe wie Myrrhe oder Weihrauch schon immer als Opfergabe für die Götter zum Einsatz kamen.

Zum Räuchern eignen sich zum Beispiel die nachfolgenden Harze:

- **Aloe Harz:** wirkt entspannend und verbindend, wärmt innerlich
- **Benzoe:** spendet Trost und Frieden, wenn man innerlich verletzt ist
- **Bernstein:** spendet innere Ruhe, besonders geeignet bei Angstzuständen, Vergesslichkeit, Schlaflosigkeit und Verkrampfungen bzw. bei Krämpfen
- **Burgunderharz:** aufbauende, kräftigende und stärkende Wirkung, eignet sich ideal für die Reinigung von Räumen
- **Copal Blanko:** ideal als Heilungs- und Schutzräucherung
- **Copal Manila:** positive Wirkung auf die Intuition, unterstützt die geistige und spirituelle Arbeit
- **Copal Prontium Negro:** vertreibt dunkle Stimmungen und Geister im Raum und zieht gleichzeitig gute Energien an
- **Goldcopal:** anregende Wirkung – insbesondere auf die Phantasie, fördert Intuition und Kreativität
- **Dammar:** ideal bei depressiven Verstimmungen und Traurigkeit
- **Elemi:** positive Wirkung auf die geistigen Fähigkeiten, kraftspendend, eignet sich ideal für Yoga- und Meditationspraktiken
- **Fichtenharz:** kräftigende, stärkende und aufbauende Wirkung
- **Galbanum:** krampflösende Wirkung, ideal bei starker Unruhe und Angst
- **Myrrhe:** sinnlich anregende, entspannende und erdende Wirkung, fördert den Schlaf
- **Styrax:** entspannende und beruhigende Wirkung
- **Weihrauch:** stark reinigende und stimmungsaufhellende Wirkung auf Geist, Körper und Raum, wirkt ideal bei Stress und Unruhe, tötet Keime ab, fördert die Wundheilung

Die meisten dieser klassischen Harze zählen zu den Naturheilmitteln, die ihre heilsamen Inhaltsstoffe beim Räuchern an ihre Umgebung abgeben. Wichtig ist, gereinigte und hochwertige Harze zu verwenden. Diese sind zwar meistens kostspieliger, dafür aber auch größer und ohne Rindenanteil. Harze, die parfümiert und bunt gefärbt sind, sind keine reinen Naturprodukte.

Harze können, je nach der gewünschten Rauchmenge und Rauchdichte, auf verschiedene Arten verräuchert werden. Die klassische Methode ist das Verräuchern der Harze auf Räucherkohle mit Holzkohle. Mit einem speziellen Weihrauchstövchen bzw. einem Weihrauchbrenner lassen sich Harze aber auch schonender räuchern. Zudem können die Harze, die eher weniger Hitze brauchen, ideal auf einem Räucherstövchen verräuchert werden.

Je nach gewählter Methode wird das folgende Zubehör für die Räucherung mit Harzen benötigt:

Materialien:
Räucherstövchen mit Teelicht & Sieb oder Räucherschale
feuerfeste Unterlage
Mörser & Stößel
Räucherzange
Kohlenanzünder oder Feuerzeug
Harze
für die Räucherkohle-Methode wird zusätzlich noch benötigt:
Räucherkohle
Sand

Anleitung & Tipps

Sobald alle Utensilien beisammen sind, kann der Räuchervorgang beginnen. Unabhängig von der gewählten Methode werden die Harze zuerst einmal mit Hilfe von **Mörser und Stößel** zerkleinert.

Anschließend stellt man das Räuchergefäß auf eine **feuerfeste** Unterlage.

Tipps:

Große Harzbrocken erzeugen immer mehr Rauch und füllen den Raum schneller als kleine. Deshalb sollte immer **nur eine kleine Portion** aufgelegt und verräuchert werden. Nachlegen kann man nämlich immer noch. Außerdem können besonders **klebrige Harze** vor dem Zerkleinern mit Mörser und Stößel zuerst im **Gefrierfach** eingefroren werden, da sie sich dann problemlos mörsern lassen. Des Weiteren sollte ein **glühendes Räuchersieb** bzw. glühende Räucherkohle, bevor die Harze aufgestreut werden, mit einer feinen **Schicht Sand** bedeckt werden. So werden die Harze nicht direkt verbrannt und riechen dementsprechend auch weniger brenzlig.

Bei der Verräucherung mit einem **Stövchen** wird zunächst das **Teelicht** angezündet und die Harze werden dann auf das Räuchersieb gegeben.

Wird mit einer **Räucherschale mit Holzkohle** geräuchert, wird im ersten Schritt die Räucherschale bis zur **Hälfte mit Sand** befüllt.

Danach entzündet man die Räucherkohle und legt diese in die Schale. Nach einer kurzen Zeit des Wartens werden die Harze anschließend auf die **glühende Kohle** gegeben. Nun kann der wohltuende Duft der Räucherharze **genossen** und dabei entspannt werden.

Darüber hinaus können Harze auch mit dem **Weihrauchbrenner/Weihrauchstövchen** sehr schonend verräuchert werden. Ein Weihrauchbrenner ist ein speziell angefertigtes Räucherstövchen, das ein **höhenverstellbares Sieb** hat. Unterhalb des Siebes befindet sich ein Teelicht, das **ausreichend Hitze** für den Vorgang des Räucherns spendet. Dadurch, dass man die Siebhöhe **manuell verstellen** kann, können die Harze mal langsamer und beinahe ohne Rauch **verdampfen** oder eben schneller und **mit mehr Rauch verbrennen.**

Nach der Anwendung **verkleben** die Harze in der Regel das Räuchersieb. Das ist jedoch gar kein Problem, da das Sieb ganz einfach mit einer **Drahtbürste** sauber gemacht werden kann.

Schluss

Die uralte Tradition des Räucherns ist seit vielen Jahrtausenden in fast allen Kulturen ein fester Bestandteil, von dem man annimmt, dass er durch Zufall entstanden ist. Das Räuchern ist zwar ein spirituelles Ritual, wird aber aus den unterschiedlichsten Intentionen heraus durchgeführt. So kann das Räuchern beispielsweise zur Desinfektion und zur Reinigung von Räumen bei Neubezug, nach einem Todesfall oder nach einer Krankheit angewendet werden. Darüber hinaus finden verschiedene Räucherungen auch bei Entspannungs- oder Loslassritualen Anwendung.

Alles im Leben ist Energie, alles im Leben fließt und ist miteinander verbunden. Wir leben in einem unendlich großen Meer, das von unsichtbaren, aber spürbaren Energien umgeben ist. Energie befindet sich in ständiger Schwingung und auch der eigene Körper ist von einem unsichtbaren elektromagnetischen Feld umgeben, das als Aura bezeichnet wird. Die Aura reagiert auf andere schwingende Felder und speichert verschiedenste Information ab. Aber auch Räume besitzen eine Aura, die sowohl die positiven als auch die negativen Energien aufnehmen, abspeichern und schlussendlich an uns selbst weitergeben können.

Wir werden ständig unbewusst energetisch von unseren eigenen Gedanken, den Schwingungen von anderen Menschen oder den Energien von Räumen beeinflusst. Aus diesem Grund fühlt man sich in Räumen, in denen jemand nach langer Krankheit verstorben ist oder in denen viel gestritten wurde, unwohl, obwohl man die Vorgeschichte dieser Räumlichkeiten gar nicht kennt. Auf dieselbe Art und Weise beeinflussen uns aber auch andere Menschen. Trifft ein positiv denkender Mensch auf einen negativ denkenden Menschen, schwingen die beiden Energiefelder dieser Menschen aufeinander ein und treffen sich anschießend in der energetischen Mitte. Das wiederum erklärt, warum man sich nach einem Gespräch mit einer negativ denkenden Person müde und ausgelaugt fühlt und warum sich zwei ständig meckernde Menschen so gut verstehen.

Man kann zwar nicht steuern, was einen umgibt, und man kann auch nicht jeden negativ denkenden Menschen vollständig meiden, doch Energie folgt immer der Aufmerksamkeit und den eigenen Gedanken. Negative Gedanken ziehen negative Energien an, die wiederum mehr Negatives anziehen und dadurch die Grundlage für weitere negative Gedanken legen. Konzentriert man sich stattdessen auf die schönen Dinge im Leben, bekommt man automatisch auch häufiger zuversichtliche Resonanz, erhöht seine eigene Grundenergie und erfährt mehr Positives.

Da Menschen energetische Wesen sind, übertragen sie ihre ganz individuellen energetischen Signaturen nicht nur auf andere Menschen, sondern hinterlassen diese auch an den Orten, an denen sie sich aufgehalten haben. Diese Signaturen bestehen aus verschiedenen Gedanken- und Emotionsenergien und färben auf unsere Umgebung ab. Wie lange sich diese dann in Räumlichkeiten aufhalten, hängt davon ab, wie intensiv sie sind. In jedem Fall können sie sich anstauen und sich dann zu einem positiven oder einem negativen Kraftfeld aufbauen. Deshalb sollte man Häuser bzw. Wohnungen vor Neubezug auch unbedingt von den Energien der Vormietenden reinigen.

Dafür eignen sich eine Vielzahl bestimmter Räucherrituale, denn diese reinigen nicht nur die Lebensräume, sondern harmonisieren sie auch und wandeln negative Energien in positive um. Geräuchert werden kann immer dann, wenn Bedarf besteht, und der Grund der Räucherung ist immer ganz individuell. Im Prinzip lassen sich alle Kräuter verbrennen, die Mutter Natur zur Verfügung stellt und auch Harze und Holze eignen sich bestens zum Räuchern. Es gibt jedoch auch viele bereits fertige Räuchermischungen im Handel zu kaufen oder aber man stellt seine eigene Mischung selbst her.

Zum Räuchern bieten sich die verschiedensten Anlässe an. Ob bei einem Neubezug, der Erweiterung der Familie, bei Konzentrationsschwierigkeiten, nach langen Krankheiten, bei einem inneren Wunsch nach Veränderung oder nach einer Trennung – geräuchert werden kann immer. Vor allem aber bei einem Um- oder Neubezug sollte eine energetische Hausreinigung durchgeführt werden, um die Geschichten und die Altlasten der vorherigen Mieter*innen inklusive ihrer alten und negativen Energien zu verbannen und Platz für Neues zu schaffen. Sobald man seine eigene Wohnung bzw. sein eigenes Haus ausräuchert, bekommt man zeitgleich auch die Gelegenheit, die einzelnen Räume mit neuen Schwingungen und Mustern zu versehen.

Eine Räucherung ist immer Ausdruck eines Wandlungsprozesses, denn die Atmosphäre der Räume wird durch das Räucherwerk und die darin gespeicherten Informationen nachhaltig verändert. Die Wirkung, die das jeweils gewählte Räucherwerk dabei erzielt, ist immer von der Pflanze, dem Holz oder dem Harz selbst abhängig. Jedes Räucherwerk besitzt jedoch Kräfte, die uns auf mentaler, emotionaler, körperlicher und spirituell-geistlicher Ebene unterstützen können. Die Wahl der richtigen Räucherwerke hilft, unausgewogene Zustände in unseren Energiekörpern zu regulieren und zu harmonisieren, wodurch ihre feinstofflichen Potentiale für unsere innere Entwicklung und allgemeine Gesundheit am besten genutzt werden können.

Das Wesen einer Wandlung setzt sich dabei aus den folgenden drei Schritten zusammen: Störung, Unruhe und Neugestaltung. Daraus resultiert ein dreistufiger Räucherprozess, durch den eine energetische Wandlung erreicht und Räume erzeugt werden, die sich leicht und frei anfühlen. Damit ein neutraler Energiestatus jedoch erzeugt werden kann, sollten alle Räumlichkeiten gründlich gereinigt und ausgeräuchert werden. Anschließend kann dann ein Energiefeld aufgebaut werden, das positiv und unterstützend zugleich ist.

Das Räuchern setzt die Pflanzenwirkstoffe in Schwingung, welche anschließend dazu beitragen, dass bestehende Energiemuster verändert werden. Dadurch wandelt die wundervolle Methode des Räucherns die energetischen Verhältnisse in uns und um uns herum auf sanfte Art und Weise. Der gemeinsame Nenner aller energetischen Behandlungsmethoden ist, dass sie alle eine Veränderung des energetischen Musters anstreben, damit die ursprüngliche Harmonie wieder hergestellt werden kann. Je nach ihrem energetischen Potential wirken Räucherstoffe unterschiedlich auf Körper, Geist und Psyche. Doch das Räuchern ist und bleibt ein sehr wirkungsvolles und vor allen Dingen machtvolles Tool, um nicht nur unsere Emotionen und Gedanken zu lenken, sondern auch, um negative Energien zu lösen und in positive Energien umzuwandeln. Denn auch, wenn Räucherdüfte viele verschiedene Wirkungen haben, stellen sie doch alle immer ein seelisches Gleichgewicht her und verbinden uns mit einer höheren spirituellen Ebene.

Das Räuchern bewirkt also nicht nur etwas in unserem Zuhause, sondern auch in uns selbst. Genau deshalb sollten wir diesen Zauber auch in unser Leben lassen und mit offenen Armen empfangen.